新 レインボー ことば選び辞典

グループで覚える
ことばの使い分け辞典

類義語・対義語

【監修】矢澤真人

Gakken

はじめに

みなさんは本《ほん》を読《よ》んでいて、「なぜ、こんな漢字《かんじ》で書《か》くのだろう」と不思議《ふしぎ》に思《おも》ったことはありませんか？　「あし」なのだから、「足《あし》」と書《か》けばよいのに、わざわざ「脚《あし》」と書《か》いてあったり、「蒼（あお）い草原《そうげん》」のように、わざわざ、ふりがなをつけた漢字《かんじ》が使《つか》われていたりするかもしれません。

作文《さくぶん》で、「この場合《ばあい》の『あたたかい』は『暖』と『温』のどっちだったかなあ」と迷《まよ》うこともあるでしょう。「以外《いがい》」と「意外《いがい》」、「基準《きじゅん》」と「規準《きじゅん》」のように、漢語《かんご》には同音異義《どうおんいぎ》が多《おお》く、書《か》き分《わ》けに頭《あたま》をなやませているのではないでしょうか。「簡単《かんたん》に理解《りかい》できる」と「容易《ようい》に理解《りかい》できる」はどちらも使《つか》えそうなのに、「しくみはいたって簡単《かんたん》だ」と言《い》えても、「しくみはいたって容易《ようい》だ」は、なんか変《へん》です。「新《あら》たに」と「改《あらた》めて」、「経験《けいけん》」と「体験《たいけん》」など、類義語《るいぎご》の使《つか》い分《わ》けもこんがらがってしまいそうです。

この辞典《じてん》は、こうしたなやみそうなことばについて、わかりやすく説明《せつめい》したものです。わからないことばを、どんどん調《しら》べてみてください。そして、時間《じかん》があれば、好《す》きなところを開《ひら》いて読《よ》んでみてください。この辞典《じてん》は、一《ひと》つのことばだけを説明《せつめい》するのではなく、いくつかのことばと比《くら》べながら説《せつ》明《めい》しています。ことばは、いろいろなことばとかかわりながら使《つか》われています。

一《ひと》つのことばをきっかけにして、かかわりを考《かんが》えながら、たくさんのことばと親《した》しくなってください。この辞典《じてん》は、こうしたことばとのつきあい方《かた》を示《しめ》したガイドブックでもあるのです。

矢澤真人

※本書の前身である『新レインボーことばが選べる辞典』の「はじめに」を再録しました。

この辞典《じてん》の組《く》み立《た》てと決《き》まり

1 この辞典《じてん》の特色《とくしょく》

この辞典《じてん》には、「類義語《るいぎご》」「対義語《たいぎご》（反対語《はんたいご》）」「読《よ》みで意味《いみ》が変《か》わることば」の、三《みっ》つの分野《ぶんや》のことばを収録《しゅうろく》しています。

これらは日常生活《にちじょうせいかつ》でよく目《め》にするものですが、大人《おとな》でも使《つか》い分《わ》けに迷《まよ》う難《むずか》しいものも多《おお》くあります。本書《ほんしょ》では、このようなことばの意味《いみ》や使《つか》い方《かた》のちがいを、例文《れいぶん》やイラストを交《まじ》えて、くわしく解説《かいせつ》しています。グループでまとめて学習《がくしゅう》することで、ことばをより体《たい》系的《けいてき》に覚《おぼ》えることができるでしょう。

【経験】

【体験】

2 この辞典《じてん》の組《く》み立《た》て

第《だい》1章《しょう》 類義語《るいぎご》

似《に》た意味《いみ》を持《も》つことばを、グループでまとめて収録《しゅうろく》しています。

第《だい》2章《しょう》 対義語《たいぎご》（反対語《はんたいご》）

対《つい》になることば、反対《はんたい》の意味《いみ》を持《も》つことばの組《く》み合《あ》わせを、グループでまとめて収録《しゅうろく》しています。

第《だい》3章《しょう》 読《よ》みで意味《いみ》が変《か》わることば

漢字《かんじ》が同《おな》じでも、読《よ》み方《かた》がちがうと意味《いみ》が変《か》わることばを、グループでまとめて収録《しゅうろく》しています。

3 見出《みだ》し語《ご》

それぞれのグループで最初《さいしょ》に出《で》てくる見出《みだ》し語《ご》の読《よ》みの、五十音順《ごじゅうおんじゅん》でならんでいます。

また、見出《みだ》し語《ご》についている記号《きごう》は次《つぎ》のことをあらわしています。

◆…漢字《かんじ》は小学校《しょうがっこう》で習《なら》うけれど、読《よ》み方《かた》は中学校以《ちゅうがっこうい》降《こう》で覚《おぼ》えることをあらわしています。

▼…中学校以降《ちゅうがっこういこう》で覚《おぼ》える漢字《かんじ》をあらわしています。

【重《じゅう》こう（◆厚《こう》）】
おもおもしくて、落《お》ち着《つ》いているようす。例 重厚《じゅうこう》な音《おん》楽《がく》。／重厚《じゅうこう》な造《つく》りの家《いえ》。／重厚《じゅうこう》な態度《たいど》で接《せっ》する。

【軽《けい》はく（▼薄《はく》）】
考《かんが》えがあさく、ことばや態度《たいど》がかるがるしいようす。例 軽薄《けいはく》な態度《たいど》を改《あらた》める。参考「薄《はく》」は、程度《ていど》が少《すく》ないこと。

※常用漢字外《じょうようかんじがい》の漢字《かんじ》には、▼をつけて、参考に「常用漢字外《じょうようかんじがい》の字《じ》」として示《しめ》しています。

4 本文中《ほんぶんちゅう》の記号《きごう》について

例…見出《みだ》し語《ご》を使《つか》った文章《ぶんしょう》の例《れい》を示《しめ》しています。

参考…見出《みだ》し語《ご》について、参考《さんこう》になる知識《ちしき》やことばの使《つか》い方《かた》のくわしい解説《かいせつ》がのっています。ちがう参考事項《さんこうじこう》がある場合《ばあい》は、「▽」で示《しめ》しています。

○×△…第《だい》1章《しょう》「類義語《るいぎご》」では、見出《みだ》し語《ご》のよりよい使《つか》い方《かた》を○で、あまりふさわしくない使《つか》い方《かた》を×や△で示《しめ》しています。

5 コラム

ことばの理解《りかい》を深《ふか》めるための豆知識《まめちしき》をのせています。

6 さくいん

すべての収録語《しゅうろくご》を五十音順《ごじゅうおんじゅん》にならべています。思《おも》いついたことばから、どんどん調《しら》べてみましょう。

もくじ

【類義語《るいぎご》】

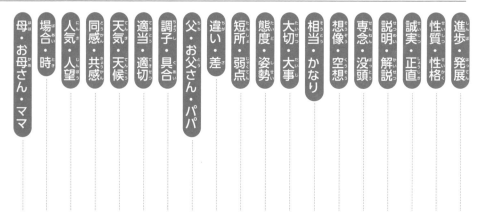

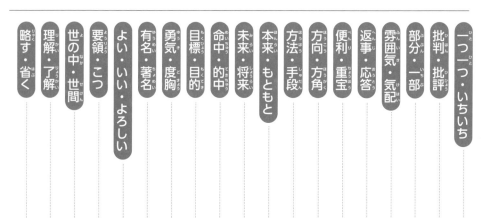

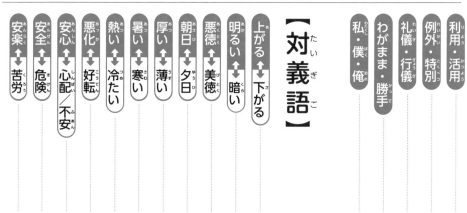

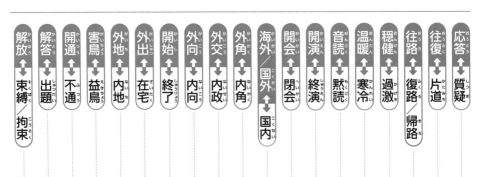

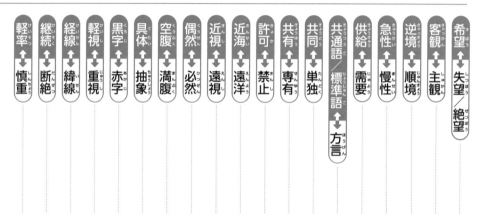

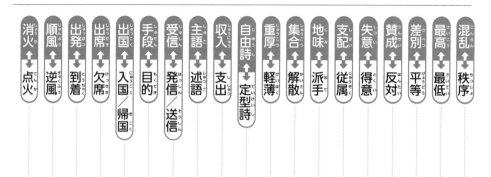

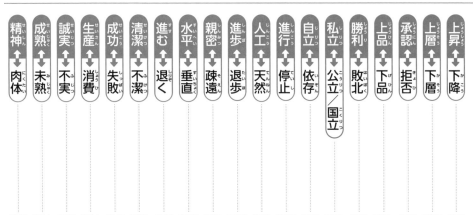

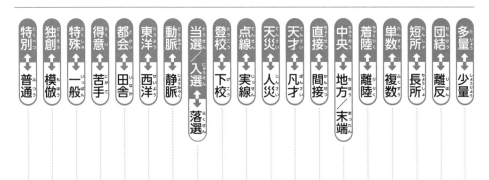

【読《よ》みで意味《いみ》がかわることば】

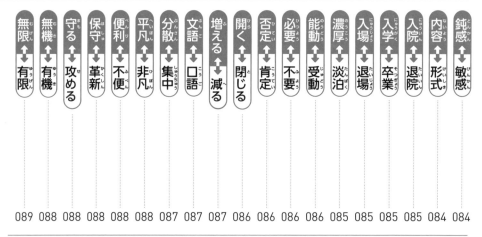

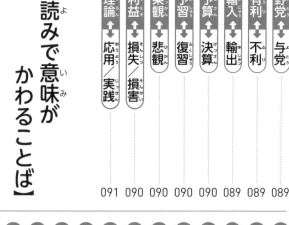

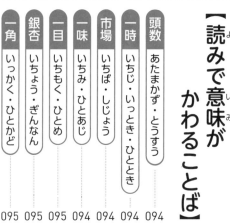

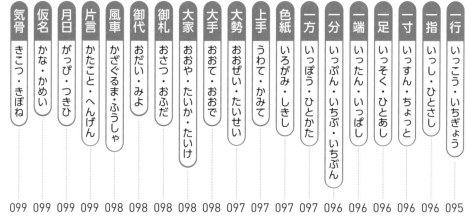

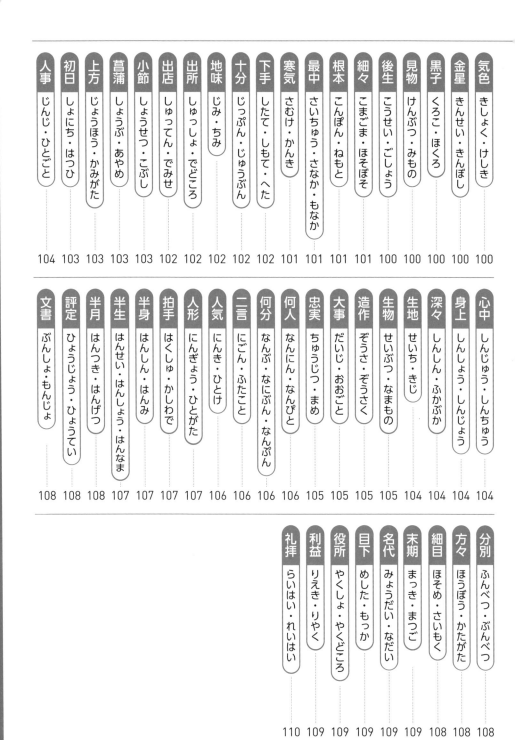

第《だい》1章《しょう》

類《るい》義《ぎ》語《ご》

改《あらた》めて・新《あら》たに

【改《あらた》めて】 初《はじ》めてではないが、初《はじ》めてのことのように。もう一《いち》度《ど》。別《べつ》の時《とき》に。

【新《あら》たに】 あたらしく。

使《つか》い分《わ》けの例《れい》

○ 改《あらた》めて言《い》うまでもないが、集合時間《しゅうごうじかん》におくれないように。

× 新《あら》たに言《い》うまでもないが、集合時間《しゅうごうじかん》におくれないように。

○ その件《けん》につきましては、改《あらた》めてご連絡《れんらく》いたします。

× その件《けん》につきましては、新《あら》たにご連絡《れんらく》いたします。

× 新年《しんねん》には気分《きぶん》を改《あらた》めてする。

○ 新年《しんねん》には気分《きぶん》を新《あら》たにする。

安全《あんぜん》・無事《ぶじ》

【安全《あんぜん》】 危《あぶ》なくないこと。危険《きけん》がないこと。

【無事《ぶじ》】 変《か》わったことや心配《しんぱい》なことがないこと。悪《わる》いことが起《お》こらないこと。

使《つか》い分《わ》けの例《れい》

○ 身《み》の安全《あんぜん》を守《まも》る。

× 身《み》の無事《ぶじ》を守《まも》る。

× ご安全《あんぜん》で何《なに》よりです。

○ ご無事《ぶじ》で何《なに》よりです。

意外《いがい》・案外《あんがい》

【意外《いがい》】 思《おも》っていたことと実際《じっさい》のことが、ひどくちがうようす。

【案外《あんがい》】 ものごとの程度《ていど》が、予想《よそう》とちがっているようす。予想外《よそうがい》。

使《つか》い分《わ》けの例《れい》

○ 事件《じけん》は意外《いがい》な展開《てんかい》になった。

× 事件《じけん》は案外《あんがい》な展開《てんかい》になった。

× 問題《もんだい》は意外《いがい》やさしかった。

○ 問題《もんだい》は案外《あんがい》やさしかった。

参考 述語《じゅつご》を修飾《しゅうしょく》する場合《ばあい》、「意外《いがい》と」「意外《いがい》に」とはいえ

るが、「意外《いがい》」だけでは不自然《ふしぜん》。「案外《あんがい》」は「案外《あんがい》と」「案外《あんがい》に」「案外《あんがい》」ともいえる。

一生《いっしょう》・終生《しゅうせい》

【一生《いっしょう》】 生《う》まれてから死《し》ぬまで。また、生《い》きている間《あいだ》。

【終生《しゅうせい》】 生《い》きている間《あいだ》ずっと。生《い》きている限《かぎ》り。

使《つか》い分《わ》けの例《れい》

○ 幸福《こうふく》な一生《いっしょう》を送《おく》る。

× 幸福《こうふく》な終生《しゅうせい》を送《おく》る。

× 島《しま》の自然《しぜん》保護《ほご》が、わたしの一生《いっしょう》の目的《もくてき》です。

○ 島《しま》の自然《しぜん》保護《ほご》が、わたしの終生《しゅうせい》の目的《もくてき》です。

移転《いてん》・移住《いじゅう》

【移転《いてん》】 住《す》まいや施設《しせつ》などをほかの場所《ばしょ》へ移《うつ》すこと。引《ひ》っこし。

【移住《いじゅう》】 長《なが》く住《す》んでいたところから、よその土地《とち》や国《くに》に移《うつ》り住《す》むこと。

参考 「移住《いじゅう》」は、移《うつ》り住《す》んで、もうもどってこないという意味《いみ》をふくむ。

使《つか》い分《わ》けの例《れい》

○ 移転《いてん》通知《つうち》のはがきが届《とど》く。

× 移住《いじゅう》通知《つうち》のはがきが届《とど》く。

× 一家《いっか》でハワイに移転《いてん》する。

○ 一家《いっか》でハワイに移住《いじゅう》する。

衣服《いふく》・衣類《いるい》

【衣服《いふく》】 着《き》る物《もの》。身《み》にまとう物《もの》。着物《きもの》。

【衣類《いるい》】 家《いえ》にあるいろいろな物《もの》の中《なか》で、着《き》る物《もの》。和服《わふく》・洋服《ようふく》はもちろん、くつ下《した》や下着《したぎ》などもふくむ。

使《つか》い分《わ》けの例《れい》

○ きらびやかな衣服《いふく》をまとう。

× きらびやかな衣類《いるい》をまとう。

× くつ下《した》も衣服《いふく》の仲間《なかま》だ。

○ くつ下《した》も衣類《いるい》の仲間《なかま》だ。

今《いま》・現在《げんざい》

【今《いま》】過去《かこ》と未来《みらい》の間《あいだ》の時《とき》。近《ちか》い過去《かこ》や近《ちか》い未来《みらい》も指《さ》す。

【現在《げんざい》】いま、その時点《じてん》。

参考 近《ちか》い過去《かこ》や近《ちか》い未来《みらい》を指《さ》していうことはない。

使《つか》い分《わ》けの例《れい》

○ 今《いま》さっき、出《で》かけました。
× 現在《げんざい》さっき、出《で》かけました。
× 正午《しょうご》今《いま》の気温《きおん》。
○ 正午《しょうご》現在《げんざい》の気温《きおん》。
○ 今《いま》終《お》わったところです。
× 現在《げんざい》終《お》わったところです。

永遠《えいえん》・永久《えいきゅう》

【永遠《えいえん》】果《は》てしないほど長《なが》い時間《じかん》、続《つづ》くこと。

【永久《えいきゅう》】ある状態《じょうたい》がいつまでも限《かぎ》りなく続《つづ》くこと。

使《つか》い分《わ》けの例《れい》

○ 永遠《えいえん》のねむりにつく。
× 永久《えいきゅう》のねむりにつく。
× 遺跡《いせき》の永遠《えいえん》保存《ほぞん》をはかる。
○ 遺跡《いせき》の永久《えいきゅう》保存《ほぞん》をはかる。

円満《えんまん》・温厚《おんこう》

【円満《えんまん》】❶人柄《ひとがら》が、おだやかであるようす。❷もめごとが起《お》こらないようす。

【温《おん》こう（◆厚《こう》）】人柄《ひとがら》が、おだやかでやさしいようす。

使《つか》い分《わ》けの例《れい》

○ もめごとは円満《えんまん》に解決《かいけつ》した。
× もめごとは温厚《おんこう》に解決《かいけつ》した。
○ 円満《えんまん》なお人柄《ひとがら》で、だれとでも仲良《なかよ》くする。
○ 温厚《おんこう》なお人柄《ひとがら》で、だれとでも仲良《なかよ》くする。

参考 人柄《ひとがら》についていうときは、どちらを使《つか》ってもよい。

自《おの》ずから・独《ひと》りでに・自然《しぜん》に

【おのずから（◆自《おの》ずから）】

自《し》然《ぜん》な流《なが》れで、それ自《じ》身《しん》の力《ちから》や、自《じ》分《ぶん》でやろうと思《おも》うことによって目《め》に見《み》えるできごとや結《けっ》果《か》が起《お》こる。

参考 常《じょう》用《よう》音《おん》訓《くん》にはない読《よ》み方《かた》。

【独《ひと》りでに】

ほかから力《ちから》が加《くわ》わらないのに、目《め》に見《み》えるできごとや結《けっ》果《か》が起《お》こる。

【自《し》然《ぜん》に】

あるがままにまかせておくと、変《へん》化《か》が起《お》きてある結《けっ》果《か》になる。

参考 「自《し》然《ぜん》に」は「独《ひと》りでに」「自《おの》ずから」いずれの意《い》味《み》にも置《お》きかえられるが、不《ぶ》気《き》味《み》だったり、神《しん》秘《ぴ》的《てき》な現《げん》象《しょう》や人《ひと》を責《せ》めるような内《ない》容《よう》には使《つか》えない。また、「自《おの》ずから」「独《ひと》りでに」はふつう、かなで書《か》く。

使《つか》い分《わ》けの例《れい》

× 風《かぜ》もないのにカーテンがおのずからゆれた。
○ 風《かぜ》もないのにカーテンがひとりでにゆれた。
× 風《かぜ》もないのにカーテンが自《し》然《ぜん》にゆれた。
○ このケンカの原《げん》因《いん》は、おのずからわかるだろう。
× このケンカの原《げん》因《いん》は、ひとりでにわかるだろう。
× このケンカの原《げん》因《いん》は、自《し》然《ぜん》にわかるだろう。
× 傷《きず》がおのずから治《なお》る。
× 傷《きず》がひとりでに治《なお》る。
○ 傷《きず》が自《し》然《ぜん》に治《なお》る。
○ 解《かい》決《けっ》策《さく》は、おのずから見《み》えてくる。
× 解《かい》決《けっ》策《さく》は、ひとりでに見《み》えてくる。
○ 解《かい》決《けっ》策《さく》は、自《し》然《ぜん》に見《み》えてくる。

終《お》わる・済《す》む

【終《お》わる】

❶ 続《つづ》いていたことが、おしまいになる。
❷ おしまいにする。

【済《す》む】

❶ 人《ひと》のある行《おこな》いが全《ぜん》部《ぶ》終《お》わる。
❷ 解《かい》決《けっ》する。かたがつく。

使《つか》い分《わ》けの例《れい》

○ 夏《なつ》が終《お》わる。
× 夏《なつ》が済《す》む。
× 謝《あやま》って終《お》わる問《もん》題《だい》ではない。
○ 謝《あやま》って済《す》む問《もん》題《だい》ではない。

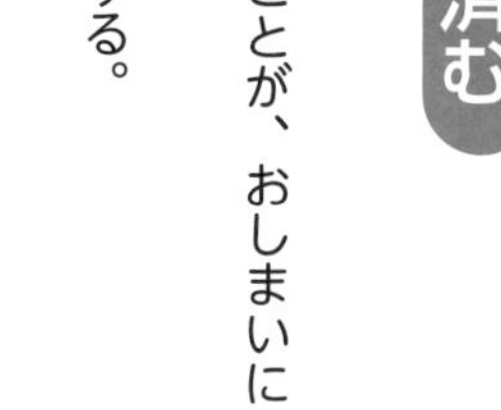

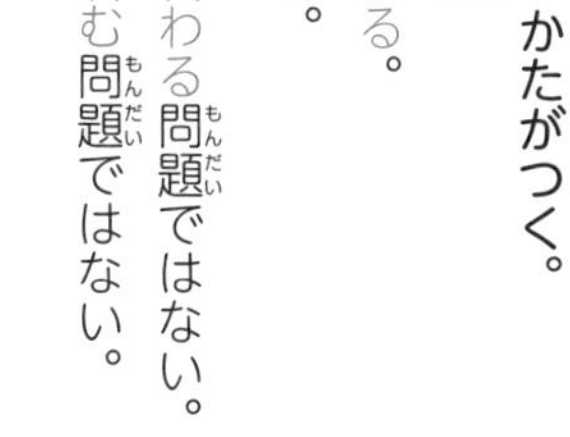

改良《かいりょう》・改善《かいぜん》

【改良《かいりょう》】ものの悪《わる》いところや不十分《ふじゅうぶん》なところを直《なお》して、よくすること。

【改善《かいぜん》】しくみややり方《かた》の悪《わる》いところをあらためて、よくすること。

参考 「改良《かいりょう》」は、「品種改良《ひんしゅかいりょう》」「農地改良《のうちかいりょう》」「機械《きかい》を改良《かいりょう》する」のように、具体的《ぐたいてき》な形《かたち》あるものについていう。一方《いっぽう》「改善《かいぜん》」は、「改善策《かいぜんさく》」「生活習慣《せいかつしゅうかん》の改善《かいぜん》」「両国《りょうこく》の関係《かんけい》を改善《かいぜん》する」などのように策《さく》・習慣《しゅうかん》・関係《かんけい》・しくみといった、形《かたち》のないものに使《つか》う。

使《つか》い分《わ》けの例《れい》

○ 品種《ひんしゅ》の改良《かいりょう》を重《かさ》ねる。
× 品種《ひんしゅ》の改善《かいぜん》を重《かさ》ねる。
× 食生活《しょくせいかつ》の改良《かいりょう》をはかる。
○ 食生活《しょくせいかつ》の改善《かいぜん》をはかる。

会話《かいわ》・対話《たいわ》

【会話《かいわ》】二人《ふたり》以上《いじょう》の人《ひと》が話《はなし》をすること。また、その話《はなし》。

【対話《たいわ》】向《む》かい合《あ》って話《はなし》をすること。また、立場《たちば》のちがう人《ひと》たちが意見《いけん》をかわすこと。

使《つか》い分《わ》けの例《れい》

○ 二言《ふたこと》、三言《みこと》、会話《かいわ》をかわす。
× 二言《ふたこと》、三言《みこと》、対話《たいわ》をかわす。
× 住民《じゅうみん》が役所《やくしょ》と会話《かいわ》する。
○ 住民《じゅうみん》が役所《やくしょ》と対話《たいわ》する。

合点《がってん》・納得《なっとく》

【合点《がってん》】❶よく知《し》っていること。❷承知《しょうち》すること。承知《しょうち》してうなずくこと。

参考 「がてん」とも読《よ》む。

【なっ（納《なっ》）得《とく》】よくわかること。よく理解《りかい》すること。

使《つか》い分《わ》けの例《れい》

○ よしきた、合点《がってん》だ。
× よしきた、納得《なっとく》だ。

× 相手《あいて》が合点《がてん》するまで説明《せつめい》する。
○ 相手《あいて》が納得《なっとく》するまで説明《せつめい》する。
○ その説明《せつめい》を聞《き》いて、すぐに合点《がてん》が行《い》った。
○ その説明《せつめい》を聞《き》いて、すぐに納得《なっとく》が行《い》った。
参考 「〜が行《い》く」ではどちらでも使《つか》える。

簡単《かんたん》・容易《ようい》

【簡単《かんたん》】 ❶手間《てま》がかからないようす。❷こみ入《い》っていないようす。
【容易《ようい》】 たやすくできるようす。

使《つか》い分《わ》けの例《れい》
○ しくみはいたって簡単《かんたん》だ。
× しくみはいたって容易《ようい》だ。
× 簡単《かんたん》なことでは勝《か》てない。
○ 容易《ようい》なことでは勝《か》てない。
○ 簡単《かんたん》に理解《りかい》できる。
○ 容易《ようい》に理解《りかい》できる。
参考 「〜には勝《か》てない」や「勝《か》つのは〜なことではない」には「簡単《かんたん》」も「容易《ようい》」も使《つか》えるが、「〜なことでは勝《か》てない」には、ふつう「容易《ようい》」を使《つか》う。

気質《きしつ》・気性《きしょう》

【気質《きしつ》】 ❶生《う》まれつきの性質《せいしつ》。気《き》だて。❷仕事《しごと》や年令《ねんれい》が同《おな》じ人《ひと》たちに共通《きょうつう》している性質《せいしつ》。かたぎ。
【気《き》しょう（性《しょう》）】 生《う》まれつきもっている性質《せいしつ》。気《き》だて。

使《つか》い分《わ》けの例《れい》
○ 祖父《そふ》は、職人《しょくにん》気質《きしつ》だ。
× 祖父《そふ》は、職人《しょくにん》気性《きしょう》だ。
参考 「気質《きしつ》」は、「かたぎ」とも読《よ》む。
○ この犬《いぬ》は気質《きしつ》があらくて、人《ひと》になつかない。
○ この犬《いぬ》は気性《きしょう》があらくて、人《ひと》になつかない。
参考 「気《き》だて」という意味《いみ》ではどちらも使《つか》う。

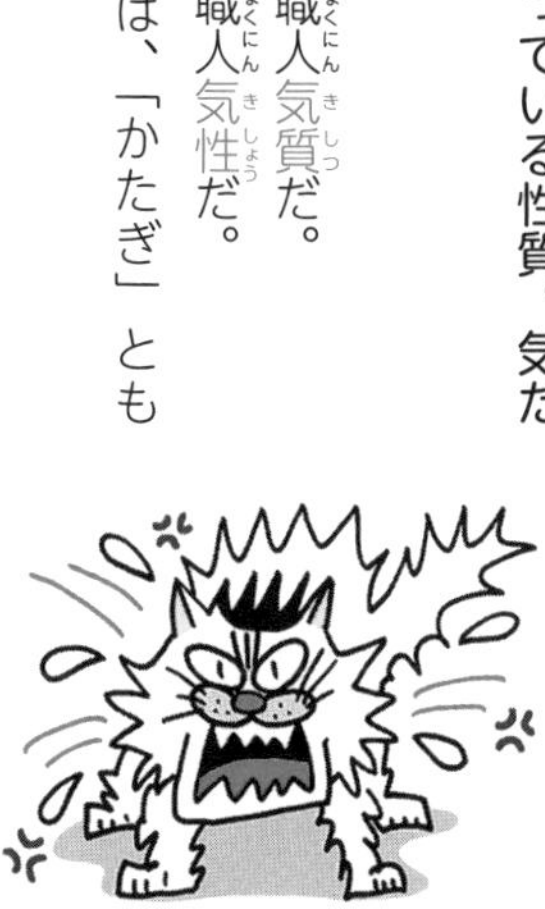

希《き》望《ぼう》・願《がん》望《ぼう》

【希《き》望《ぼう》】
❶こうなってほしいと望《のぞ》むこと。また、その望《のぞ》み。
❷望《のぞ》みがかないそうな見通《みとお》しや、期待《きたい》。

【願《がん》望《ぼう》】
こうあってほしいと願《ねが》い望《のぞ》むこと。また、その願《ねが》いや望《のぞ》み。

使《つか》い分《わ》けの例《れい》
○将来《しょうらい》に希望《きぼう》がわいてきた。
×将来《しょうらい》に願望《がんぼう》がわいてきた。
×わたしの姉《あね》は、結婚《けっこん》希望《きぼう》が強《つよ》い。
○わたしの姉《あね》は、結婚《けっこん》願望《がんぼう》が強《つよ》い。
○わたしの希望《きぼう》は、戦争《せんそう》のない世《よ》の中《なか》です。
○わたしの願望《がんぼう》は、戦争《せんそう》のない世《よ》の中《なか》です。

参考 「望《のぞ》み」という意味《いみ》ではどちらも使《つか》うが、「願望《がんぼう》」のほうが「希望《きぼう》」よりも欲《ほっ》する度合《どあ》いが強《つよ》い。ことばを組《く》み合《あ》わせて使《つか》う場合《ばあい》も、「進学希望《しんがくきぼう》、退職希望《たいしょくきぼう》、移住希望《いじゅうきぼう》」のように使《つか》う一方《いっぽう》で、「変身願望《へんしんがんぼう》、結婚願望《けっこんがんぼう》」などは、より切望《せつぼう》する感《かん》じがある。

気《き》持《も》ち・気《き》分《ぶん》

【気《き》持《も》ち】
❶あることに対《たい》して心《こころ》に感《かん》じるもの。
❷体《からだ》の具合《ぐあい》によって起《お》こる心《こころ》の状態《じょうたい》。

【気《き》分《ぶん》】
❶そのときの心《こころ》の状態《じょうたい》。
❷全体《ぜんたい》から受《う》ける感《かん》じ。雰囲気《ふんいき》。

使《つか》い分《わ》けの例《れい》
○友《とも》だちの気持《きも》ちを思《おも》いやる。
×友《とも》だちの気分《きぶん》を思《おも》いやる。
×春《はる》らしい気持《きも》ちが高《たか》まった。
○春《はる》らしい気分《きぶん》が高《たか》まった。
○車《くるま》によって気持《きも》ちが悪《わる》い。
○車《くるま》によって気分《きぶん》が悪《わる》い。

参考 どちらを使《つか》ってもよい言《い》い方《かた》。

救《きゅう》助《じょ》・援《えん》助《じょ》

【救《きゅう》助《じょ》】
危《あぶ》ないめにあっている人《ひと》を、助《たす》け出《だ》すこと。

【えん（援《▼えん》）助《じょ》】

困《こま》っている人《ひと》や国《くに》を、助《たす》けること。

使《つか》い分《わ》けの例《れい》

○ おぼれた人《ひと》を救助《きゅうじょ》する。
× おぼれた人《ひと》を援助《えんじょ》する。
× 国《くに》が救助《きゅうじょ》の手《て》を差《さ》しのべる。
○ 国《くに》が援助《えんじょ》の手《て》を差《さ》しのべる。

興味《きょうみ》・関心《かんしん》

【興味《きょうみ》】 おもしろいと思《おも》って、心《こころ》をひきつけられること。

【関心《かんしん》】 そのことについて知《し》りたいと、心《こころ》をひかれること。

使《つか》い分《わ》けの例《れい》

○ 興味深《きょうみぶか》い結果《けっか》が出《で》てきた。
× 関心深《かんしんぶか》い結果《けっか》が出《で》てきた。
× 教育《きょういく》に対《たい》する興味《きょうみ》が高《たか》い。
○ 教育《きょういく》に対《たい》する関心《かんしん》が高《たか》い。
○ 政治《せいじ》に興味《きょうみ》がある。
○ 政治《せいじ》に関心《かんしん》がある。

参考 「〜がある」「〜を持《も》つ」ではどちらも使《つか》える。

苦心《くしん》・苦労《くろう》

【苦心《くしん》】 ものごとを成功《せいこう》させるために、いろいろ考《かんが》えたり、苦《くる》しんだりすること。

【苦労《くろう》】 あれこれと体《からだ》や気《き》を使《つか》って、つらい思《おも》いをすること。骨折《ほねお》り。

使《つか》い分《わ》けの例《れい》

○ これは、父《ちち》の苦心《くしん》の作《さく》だ。
× これは、父《ちち》の苦労《くろう》の作《さく》だ。
× 長年《ながねん》の苦心《くしん》がむくわれる。
○ 長年《ながねん》の苦労《くろう》がむくわれる。

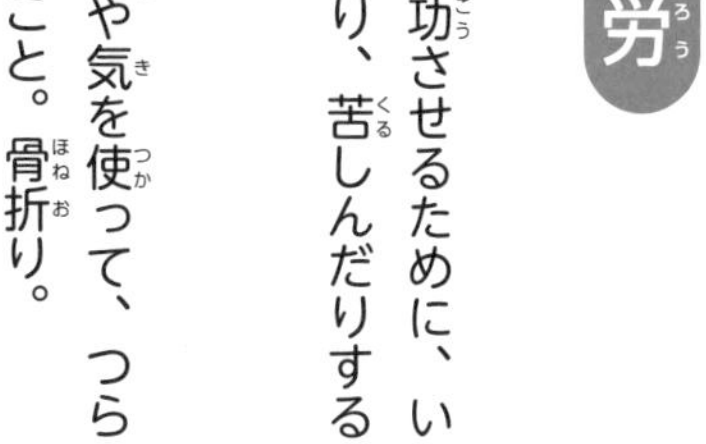

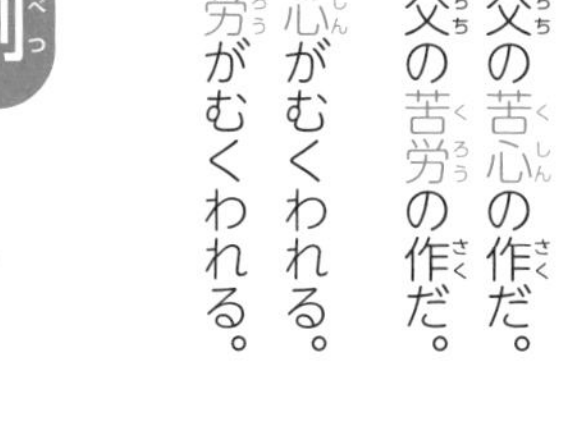

区別《くべつ》・差別《さべつ》

【区別《くべつ》】 性質《せいしつ》や種類《しゅるい》などのちがいによって分《わ》けること。また、そのちがい。

【差別《さべつ》】 性質《せいしつ》や状態《じょうたい》のちがいによって、あつかい方《かた》を変《か》えること。

分《わ》けへだて。

使《つか》い分《わ》けの例《れい》

○ 形《かたち》が似《に》ていて区別《くべつ》できない。
× 形《かたち》が似《に》ていて差別《さべつ》できない。
× 区別《くべつ》のない社会《しゃかい》を目指《めざ》す。
○ 差別《さべつ》のない社会《しゃかい》を目指《めざ》す。

計画《けいかく》・企画《きかく》

【計画《けいかく》】
何《なに》かをしようとして、前《まえ》もって方法《ほうほう》や手順《てじゅん》を考《かんが》えること。

【き（企《き》）画《かく》】
事業《じぎょう》やもよおし物《もの》などの計画《けいかく》を立《た》てる前《まえ》に、どういう内容《ないよう》で行《おこな》うかを考《かんが》えること。手順《てじゅん》までは考《かんが》えない。

参考 「企画《きかく》」は、組織《そしき》だって行《おこな》う場合《ばあい》に使《つか》われることが多《おお》い。

使《つか》い分《わ》けの例《れい》

○ 今日《きょう》の計画《けいかく》では、ここで買《か》い物《もの》をする予定《よてい》です。
× 今日《きょう》の企画《きかく》では、ここで買《か》い物《もの》をする予定《よてい》です。
× テレビ局《きょく》で新番組《しんばんぐみ》の計画会議《けいかくかいぎ》を行《おこな》う。
○ テレビ局《きょく》で新番組《しんばんぐみ》の企画会議《きかくかいぎ》を行《おこな》う。
○ 生徒会《せいとかい》は運動会《うんどうかい》にクラス対抗《たいこう》リレーを計画《けいかく》している。
○ 生徒会《せいとかい》は運動会《うんどうかい》にクラス対抗《たいこう》リレーを企画《きかく》している。

参考 どちらを使《つか》ってもよい言《い》い方《かた》。

経験《けいけん》・体験《たいけん》

【経験《けいけん》】
実際《じっさい》に見《み》たり聞《き》いたり、行《おこな》ったりすること。また、それで身《み》につけた知識《ちしき》やわざ。

【体験《たいけん》】
自分《じぶん》で実際《じっさい》にやったり、感《かん》じたりすること。また、それで身《み》についたもの。

使《つか》い分《わ》けの例《れい》

○ 仕事《しごと》の経験《けいけん》がまだ浅《あさ》い。
× 仕事《しごと》の体験《たいけん》がまだ浅《あさ》い。
× 経験入学《けいけんにゅうがく》。
○ 体験入学《たいけんにゅうがく》。

○ 昨日《きのう》、おそろしい経験《けいけん》をした。
○ 昨日《きのう》、おそろしい体験《たいけん》をした。

参考 「おそろしい～」や「貴重《きちょう》な～」のように、過去《かこ》にあったできごとについては、どちらでも使《つか》える。

結果《けっか》・結末《けつまつ》

【結果《けっか》】 あることがもとで起《お》こった事《こと》がら。

【結末《けつまつ》】 ものごとの終《お》わり。最後《さいご》のしめくくり。

使《つか》い分《わ》けの例《れい》

○ 試験《しけん》の結果《けっか》、入学《にゅうがく》が許《ゆる》された。
× 試験《しけん》の結末《けつまつ》、入学《にゅうがく》が許《ゆる》された。
× 物語《ものがたり》の結果《けっか》を早《はや》く知《し》りたい。
○ 物語《ものがたり》の結末《けつまつ》を早《はや》く知《し》りたい。

ごはんよ♡
よかったねぇ～
ニャー♡

決心《けっしん》・決意《けつい》

【決心《けっしん》】 あることをしようと、はっきり考《かんが》えを決《き》めること。

【決意《けつい》】 （重大《じゅうだい》なことを）やりぬこうと心《こころ》に決《き》めること。

使《つか》い分《わ》けの例《れい》

○ やっと決心《けっしん》がついたようだ。
× やっと決意《けつい》がついたようだ。
× 社長《しゃちょう》が決心《けっしん》を表明《ひょうめい》する。
○ 社長《しゃちょう》が決意《けつい》を表明《ひょうめい》する。

原因《げんいん》・理由《りゆう》

【原因《げんいん》】 ものごとが起《お》こるもと。

【理由《りゆう》】 ものごとが、そのようになるわけ。また、そのようにするわけ。

使《つか》い分《わ》けの例《れい》

○ 今《いま》、事故《じこ》の原因《げんいん》を調査中《ちょうさちゅう》だ。
× 今《いま》、事故《じこ》の理由《りゆう》を調査中《ちょうさちゅう》だ。
× 原因《げんいん》も言《い》わずに立《た》ち去《さ》る。
○ 理由《りゆう》も言《い》わずに立《た》ち去《さ》る。

見学《けんがく》・見物《けんぶつ》

【見学《けんがく》】（工場《こうじょう》・会社《かいしゃ》などに行《い》き）実際《じっさい》のようすを見《み》て学《まな》ぶこと。

【見物《けんぶつ》】楽《たの》しみのために、しばい・祭《まつ》りや景色《けしき》などを見《み》ること。

使《つか》い分《わ》けの例《れい》

○工場《こうじょう》で生産工程《せいさんこうてい》を見学《けんがく》する。
×工場《こうじょう》で生産工程《せいさんこうてい》を見物《けんぶつ》する。
×てい防《ぼう》で花火《はなび》を見学《けんがく》する。
○てい防《ぼう》で花火《はなび》を見物《けんぶつ》する。

原料《げんりょう》・材料《ざいりょう》

【原料《げんりょう》】品物《しなもの》をつくるもとになるもの。

参考 できたとき、もとの形《かたち》が残《のこ》らないものについて言《い》う。

【材料《ざいりょう》】❶品物《しなもの》をつくるもとになるもの。❷ものごとを考《かんが》えるときの、もとになる事《こと》がら。

使《つか》い分《わ》けの例《れい》

○豆《とう》ふの原料《げんりょう》は大豆《だいず》だ。
×豆《とう》ふの材料《ざいりょう》は大豆《だいず》だ。
×工作《こうさく》の原料《げんりょう》を買《か》い集《あつ》める。
○工作《こうさく》の材料《ざいりょう》を買《か》い集《あつ》める。

公開《こうかい》・公表《こうひょう》

【公開《こうかい》】人々《ひとびと》が、自由《じゆう》に見《み》たり聞《き》いたりできるようにすること。

【公表《こうひょう》】世《よ》の中《なか》に広《ひろ》く発表《はっぴょう》すること。

使《つか》い分《わ》けの例《れい》

○秘宝《ひほう》の公開《こうかい》が始《はじ》まった。
×秘宝《ひほう》の公表《こうひょう》が始《はじ》まった。
×国勢調査《こくせいちょうさ》の結果《けっか》が公開《こうかい》される。
○国勢調査《こくせいちょうさ》の結果《けっか》が公表《こうひょう》される。

公平《こうへい》・平等《びょうどう》

【公平《こうへい》】

一方《いっぽう》にかたよらないこと。どちらかだけが得《とく》をするようなあつかいをしないこと。

【平等《びょうどう》】

差別《さべつ》がなく、あつかいがみな同《おな》じであること。

使《つか》い分《わ》けの例《れい》

○ 公平《こうへい》な立場《たちば》で審判《しんぱん》する。

× 平等《びょうどう》な立場《たちば》で審判《しんぱん》する。

× 選挙権《せんきょけん》は、国民《こくみん》に公平《こうへい》な権利《けんり》だ。

○ 選挙権《せんきょけん》は、国民《こくみん》に平等《びょうどう》な権利《けんり》だ。

今後《こんご》・以後《いご》

【今後《こんご》】

これからあと。

【以後《いご》】

❶これからあと。

❷その時《とき》からあと。

使《つか》い分《わ》けの例《れい》

○ 今後《こんご》とも仲良《なかよ》くしてください。

× 以後《いご》とも仲良《なかよ》くしてください。

× 今後《こんご》、おじとは会《あ》っていない。

○ 以後《いご》、おじとは会《あ》っていない。

参考 「以後《いご》」は「以前《いぜん》」をふくまないので「以後《いご》とも」とはいえない。「今後《こんご》」は「今《いま》」なので昔《むかし》のあるときからの意味《いみ》では使《つか》えない。「今《いま》」からあとだけ示《しめ》すときはどちらも使《つか》える。

才能《さいのう》・能力《のうりょく》

【才能《さいのう》】

何《なに》かをやりとげる知恵《ちえ》や力《ちから》。うでまえ。

【能力《のうりょく》】

ものごとを成《な》しとげる力《ちから》。

使《つか》い分《わ》けの例《れい》

○ 音楽《おんがく》の才能《さいのう》にあふれている。

× 音楽《おんがく》の能力《のうりょく》にあふれている。

× 運動《うんどう》の才能《さいのう》をテストする。

○ 運動《うんどう》の能力《のうりょく》をテストする。

○ 才能《さいのう》を生《い》かして活躍《かつやく》する。

○ 能力《のうりょく》を生《い》かして活躍《かつやく》する。

参考 どちらを使《つか》ってもよい言《い》い方《かた》。

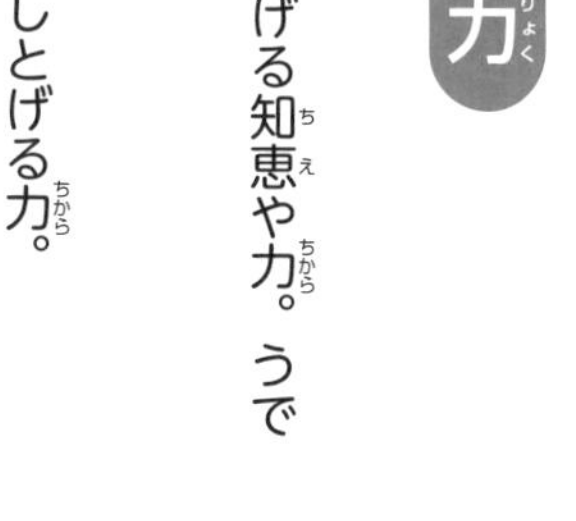

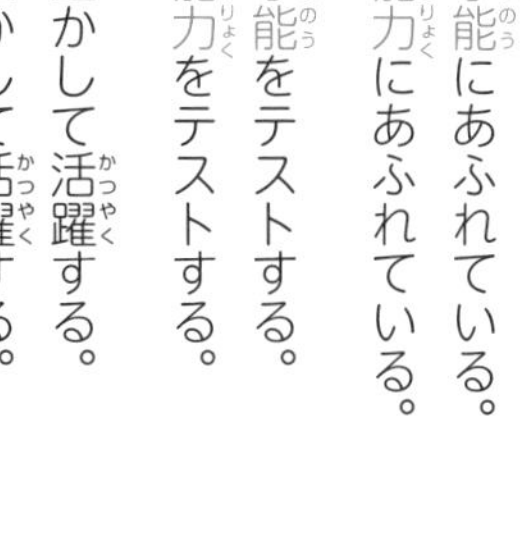

最良《さいりょう》・最善《さいぜん》

【最良《さいりょう》】
いくつか考《かんが》えられることの中《なか》で、一番《いちばん》よいこと。

【最善《さいぜん》】
❶一番《いちばん》よいこと。
❷できる限《かぎ》りの努力《どりょく》。

使《つか》い分《わ》けの例《れい》
○ 今日《きょう》は、人生《じんせい》で最良《さいりょう》の日《ひ》だ。
× 今日《きょう》は、人生《じんせい》で最善《さいぜん》の日《ひ》だ。
× 最良《さいりょう》をつくしてがんばる。
○ 最善《さいぜん》をつくしてがんばる。

賛成《さんせい》・同意《どうい》

【賛成《さんせい》】
人《ひと》の考《かんが》えや意見《いけん》に対《たい》して、同《おな》じだと認《みと》めること。

【同意《どうい》】
相手《あいて》と同《おな》じ意見《いけん》をもっていることを認《みと》めること。また、その意見《いけん》。

使《つか》い分《わ》けの例《れい》
○ 賛成《さんせい》多数《たすう》により可決《かけつ》した。
× 同意《どうい》多数《たすう》により可決《かけつ》した。
× 契約書《けいやくしょ》の内容《ないよう》に賛成《さんせい》する。
○ 契約書《けいやくしょ》の内容《ないよう》に同意《どうい》する。

時間《じかん》・時刻《じこく》

【時間《じかん》】
❶時《とき》。
❷何《なに》かをするために決《き》めたひと区《く》切《ぎ》りの時《とき》。
❸時《とき》の単位《たんい》。

【時刻《じこく》】
ある決《き》まった時《とき》。時間《じかん》の流《なが》れの中《なか》の、ある瞬間《しゅんかん》。

参考 時刻《じこく》と時刻《じこく》の間《あいだ》の、時《とき》の長《なが》さを「時間《じかん》」という。

使《つか》い分《わ》けの例《れい》
○ 時間《じかん》がたつのは早《はや》いものだ。
× 時刻《じこく》がたつのは早《はや》いものだ。
△ 時計《とけい》の時間《じかん》を合《あ》わせる。

○ 時計《とけい》の時刻《じこく》を合《あ》わせる。

参考 「時間《じかん》」は「集合時間《しゅうごうじかん》」「出発時間《しゅっぱつじかん》」のように「時刻《じこく》」の意味《いみ》でも使《つか》うことがある。

仕事《しごと》・労働《ろうどう》

【仕事《しごと》】

❶はたらくこと。

❷職業《しょくぎょう》。

【労働《ろうどう》】

お金《かね》をもらうためにはたらくこと。

使《つか》い分《わ》けの例《れい》

○ 水仕事《みずしごと》の後《あと》にクリームをぬる。

× 水労働《みずろうどう》の後《あと》にクリームをぬる。

× 仕事者《しごとしゃ》。

○ 労働者《ろうどうしゃ》。

参考 「労働《ろうどう》」は、体《からだ》を使《つか》った仕事《しごと》である「肉体労働《にくたいろうどう》」を指《さ》すことが多《おお》い。

自然《しぜん》・天然《てんねん》

【自然《しぜん》】

❶人間《にんげん》がつくったものでなく、この世《よ》にあるもの。

❷ありのままであるようす。

【天然《てんねん》】

人《ひと》の手《て》を加《くわ》えていない、もとのままであること。

使《つか》い分《わ》けの例《れい》

○ 自然《しぜん》を保護《ほご》する。

× 天然《てんねん》を保護《ほご》する。

× 自然《しぜん》の魚《さかな》をさしみで味《あじ》わう。

○ 天然《てんねん》の魚《さかな》をさしみで味《あじ》わう。

事前《じぜん》・未然《みぜん》

【事前《じぜん》】

ものごとの起《お》こる前《まえ》。あることをする前《まえ》。

【未然《みぜん》】

ものごとがまだ起《お》こらないこと。まだそうならないこと。

使《つか》い分《わ》けの例《れい》

○ 事前《じぜん》に相談《そうだん》しておく。

× 未然《みぜん》に相談《そうだん》しておく。

× 災害《さいがい》を事前《じぜん》に防《ふせ》ぐ。

○ 災害《さいがい》を未然《みぜん》に防《ふせ》ぐ。

失望《しつぼう》・失意《しつい》

【失望《しつぼう》】
❶期待《きたい》したとおりでなく、がっかりすること。
❷望《のぞ》みを失《うしな》うこと。

【失意《しつい》】
当《あ》てが外《はず》れたり、望《のぞ》みがかなわなかったりして、がっかりすること。

使《つか》い分《わ》けの例《れい》
○ かれの行動《こうどう》には失望《しつぼう》した。
× かれの行動《こうどう》には失意《しつい》した。
× 失望《しつぼう》のどん底《ぞこ》にある。
○ 失意《しつい》のどん底《ぞこ》にある。

失礼《しつれい》・無礼《ぶれい》

【失礼《しつれい》】
❶礼儀《れいぎ》に外《はず》れた行《おこな》いをすること。
❷人《ひと》と別《わか》れること。

❸あやまることば。

【無礼《ぶれい》】
態度《たいど》などが礼儀《れいぎ》に外《はず》れていること。

参考 「無礼《ぶれい》」は古《ふる》めかしい言《い》い方《かた》。

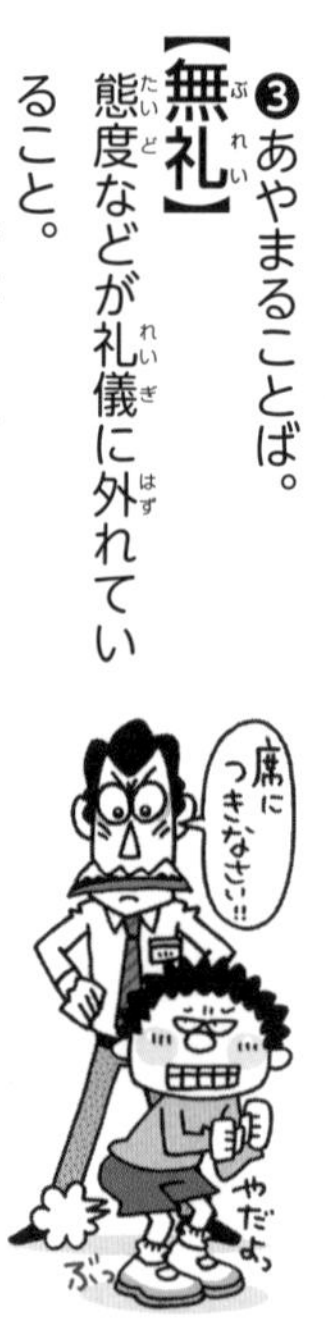

使《つか》い分《わ》けの例《れい》
○ 失礼《しつれい》な態度《たいど》をとる。
○ 無礼《ぶれい》な態度《たいど》をとる。

参考 どちらを使《つか》ってもよい言《い》い方《かた》。

○ では、ここで失礼《しつれい》いたします。
× では、ここで無礼《ぶれい》いたします。
○ たいへん失礼《しつれい》いたしました。
× たいへん無礼《ぶれい》いたしました。

参考 「とんだご無礼《ぶれい》をいたしました。」のように言《い》うと非《ひ》常《じょう》にていねいな言《い》い方《かた》になる。「とんだご失礼《しつれい》をいたしました。」とは言《い》わない。また、「無礼者《ぶれいもの》」とは言《い》うが「失礼者《しつれいもの》」とは言《い》わない。

辞任《じにん》・辞職《じしょく》

【辞任《じにん》】
ある役目《やくめ》をやめること。

【辞職《じしょく》】
自分《じぶん》から職《しょく》をやめること。

使《つか》い分《わ》けの例《れい》
○委員《いいん》を辞任《じにん》する。
×委員《いいん》を辞職《じしょく》する。
×社員《しゃいん》の一人《ひとり》が辞任《じにん》した。
○社員《しゃいん》の一人《ひとり》が辞職《じしょく》した。

志望《しぼう》・志願《しがん》

【志望《しぼう》】
こうしたい、こうなりたいと望《のぞ》むこと。また、その望《のぞ》み。

【志願《しがん》】
あることをしたいと、自分《じぶん》から願《ねが》い出《で》ること。

使《つか》い分《わ》けの例《れい》
○兄《あに》は志望《しぼう》の大学《だいがく》に合格《ごうかく》した。
×兄《あに》は志願《しがん》の大学《だいがく》に合格《ごうかく》した。
×救助隊《きゅうじょたい》に志望《しぼう》する。
○救助隊《きゅうじょたい》に志願《しがん》する。

地味《じみ》・質素《しっそ》

【地味《じみ》】
目立《めだ》たないようす。ひかえめなようす。

【質素《しっそ》】
❶かざり気《け》のないようす。
❷ぜいたくでないようす。倹約《けんやく》をしているようす。

使《つか》い分《わ》けの例《れい》
○地味《じみ》な色《いろ》が好《この》みだ。
×質素《しっそ》な色《いろ》が好《この》みだ。
×地味《じみ》な食事《しょくじ》でがまんする。
○質素《しっそ》な食事《しょくじ》でがまんする。
○地味《じみ》に暮《く》らす。
○質素《しっそ》に暮《く》らす。

参考 どちらを使《つか》ってもよい言《い》い方《かた》。

習慣《しゅうかん》・慣習《かんしゅう》

【習慣《しゅうかん》】
くりかえしてするうちに、決《き》まりのようになった、ふつうの生活《せいかつ》の

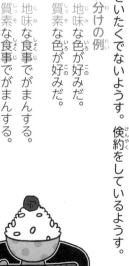

中《なか》で行《おこな》われる事《こと》がら。

【慣習《かんしゅう》】ある社会《しゃかい》で古《ふる》くから行《おこな》われてきた、伝統的《でんとうてき》なならわし。

使《つか》い分《わ》けの例《れい》

○ 早起《はやお》きの習慣《しゅうかん》をつける。
× 早起《はやお》きの慣習《かんしゅう》をつける。
× ウナギが村人《むらびと》を救《すく》ったという伝説《でんせつ》から、その地域《ちいき》にはウナギを食《た》べてはいけないという習慣《しゅうかん》がある。
○ ウナギが村人《むらびと》を救《すく》ったという伝説《でんせつ》から、その地域《ちいき》にはウナギを食《た》べてはいけないという慣習《かんしゅう》がある。

重要《じゅうよう》・貴重《きちょう》

【重要《じゅうよう》】ものごとの中心《ちゅうしん》に関係《かんけい》があって、特別《とくべつ》に大切《たいせつ》であるようす。

【貴重《きちょう》】とても大切《たいせつ》であるようす。

使《つか》い分《わ》けの例《れい》

○ 重要《じゅうよう》な用事《ようじ》を思《おも》い出《だ》した。
× 貴重《きちょう》な用事《ようじ》を思《おも》い出《だ》した。
× みなさまから重要《じゅうよう》なご意見《いけん》をいただいた。
○ みなさまから貴重《きちょう》なご意見《いけん》をいただいた。

順序《じゅんじょ》・順番《じゅんばん》

【順序《じゅんじょ》】ある決《き》まった並《なら》び方《かた》。また、決《き》まった手順《てじゅん》。

【順番《じゅんばん》】❶ものごとをするときの順《じゅん》。❷並《なら》んでいるものを、初《はじ》めから数《かぞ》えた番号《ばんごう》。

使《つか》い分《わ》けの例《れい》

○ しくみを順序《じゅんじょ》よく説明《せつめい》する。
× しくみを順番《じゅんばん》よく説明《せつめい》する。
× 面接試験《めんせつしけん》の順序《じゅんじょ》を待《ま》つ。
○ 面接試験《めんせつしけん》の順番《じゅんばん》を待《ま》つ。

情勢《じょうせい》・形勢《けいせい》

【情勢《じょうせい》】ものごとの成《な》り行《ゆ》き。ありさま。

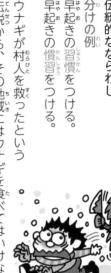

【形勢《けいせい》】
変化《へんか》するものごとの、その時《とき》その時《とき》のようす。
使《つか》い分《わ》けの例《れい》
○ 世界《せかい》の情勢《じょうせい》に目《め》を向《む》ける。
× 世界《せかい》の形勢《けいせい》に目《め》を向《む》ける。
× 試合《しあい》の情勢《じょうせい》が逆転《ぎゃくてん》する。
○ 試合《しあい》の形勢《けいせい》が逆転《ぎゃくてん》する。

消息《しょうそく》・音信《おんしん》

【消息《しょうそく》】
❶便《たよ》り。連絡《れんらく》。
❷人《ひと》やものごとの、その時々《ときどき》のようす。
【音信《おんしん》】
手紙《てがみ》・電話《でんわ》などによる、ようすを知《し》らせる連絡《れんらく》。おとずれ。便《たよ》り。
使《つか》い分《わ》けの例《れい》
○ かれの消息《しょうそく》はわからない。
× かれの音信《おんしん》はわからない。
× あの人《ひと》とは消息《しょうそく》不通《ふつう》だ。
○ あの人《ひと》とは音信《おんしん》不通《ふつう》だ。
○ あの人《ひと》は消息《しょうそく》不明《ふめい》だ。
× あの人《ひと》は音信《おんしん》不明《ふめい》だ。

勝敗《しょうはい》・勝負《しょうぶ》

【勝敗《しょうはい》】
勝《か》ち負《ま》け。
【勝負《しょうぶ》】
❶勝《か》ち負《ま》け。
❷勝《か》ち負《ま》けを争《あらそ》うこと。
使《つか》い分《わ》けの例《れい》
○ 勝敗《しょうはい》を問《と》わず全力《ぜんりょく》をつくす。
× 勝負《しょうぶ》を問《と》わず全力《ぜんりょく》をつくす。
× 相手《あいて》が弱《よわ》く、勝敗《しょうはい》にならない。
○ 相手《あいて》が弱《よわ》く、勝負《しょうぶ》にならない。

真実《しんじつ》・真相《しんそう》

【真実《しんじつ》】
❶うそでないこと。本当《ほんとう》のこと。本当《ほんとう》の姿《すがた》。
❷本当《ほんとう》に。
【真相《しんそう》】

本当《ほんとう》のようす。本当《ほんとう》の姿《すがた》。

使《つか》い分《わ》けの例《れい》

○ 入賞《にゅうしょう》は、真実《しんじつ》うれしかった。
× 入賞《にゅうしょう》は、真相《しんそう》うれしかった。
○ 真実《しんじつ》はわからずじまいだ。
○ 真相《しんそう》はわからずじまいだ。

参考 「本当《ほんとう》の姿《すがた》」という意味《いみ》ではどちらも使《つか》う。

心配《しんぱい》・不安《ふあん》

【心配《しんぱい》】
❶どうだろうかと気《き》にすること。気《き》がかり。
❷心《こころ》を配《くば》って世話《せわ》をすること。

【不安《ふあん》】
おそろしいことや気《き》がかりなことがあって、心《こころ》が落《お》ち着《つ》かないこと。また、そのようす。

使《つか》い分《わ》けの例《れい》

○ 妹《いもうと》の体調《たいちょう》を心配《しんぱい》する。
× 妹《いもうと》の体調《たいちょう》を不安《ふあん》する。
× たった一人《ひとり》で心配《しんぱい》な一夜《いちや》を過《す》ごす。
○ たった一人《ひとり》で不安《ふあん》な一夜《いちや》を過《す》ごす。

進歩《しんぽ》・発展《はってん》

【進歩《しんぽ》】
ものごとが、だんだんよくなること。

【発展《はってん》】
❶勢《いきお》いや力《ちから》が広《ひろ》がり、よくなること。
❷ものごとが次《つぎ》の段階《だんかい》へと進《すす》むこと。

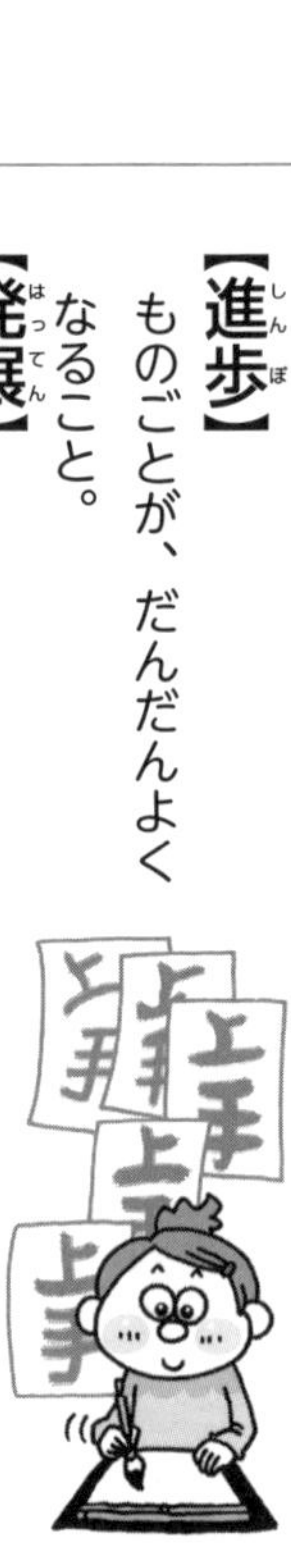

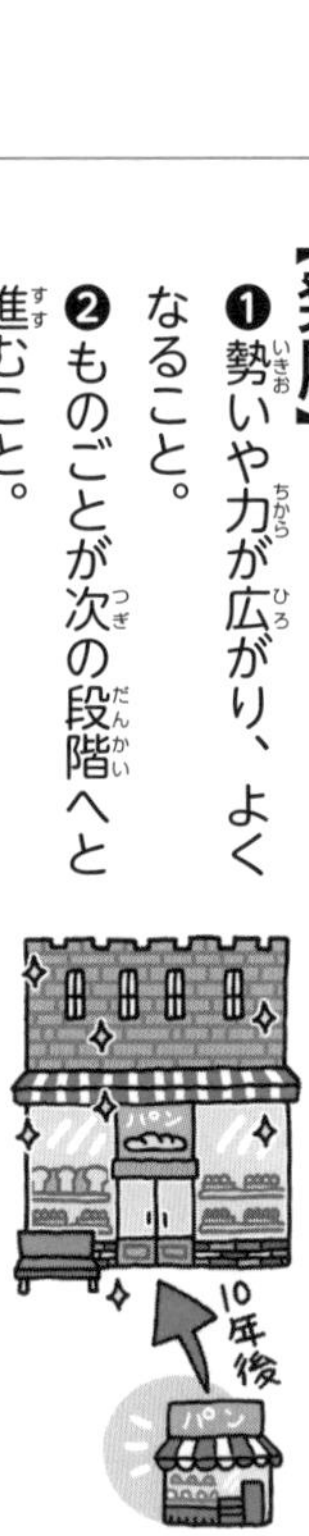

使《つか》い分《わ》けの例《れい》

× 町《まち》が近年《きんねん》、大《おお》きく進歩《しんぽ》した。
○ 町《まち》が近年《きんねん》、大《おお》きく発展《はってん》した。
○ 通信技術《つうしんぎじゅつ》が進歩《しんぽ》して、相手《あいて》の顔《かお》を見《み》ながら通話《つうわ》できるようになった。
○ 通信技術《つうしんぎじゅつ》が発展《はってん》して、相手《あいて》の顔《かお》を見《み》ながら通話《つうわ》できるようになった。

参考 「よくなること」という意味《いみ》ではどちらも使《つか》う。

性質《せいしつ》・性格《せいかく》

【性質《せいしつ》】

❶その人《ひと》が生《う》まれながらにもっている心《こころ》や行《おこな》いの特徴《とくちょう》。
❷その物《もの》にもともとある特徴《とくちょう》。

【性格《せいかく》】
❶その人《ひと》の考《かんが》え方《かた》や行動《こうどう》にあらわれる特徴《とくちょう》。
❷ものごとによく見《み》られる特徴《とくちょう》。

参考 「性質《せいしつ》」が、生《う》まれながらにそなわっているものという意味合《いみあ》いなのに対《たい》し、「性格《せいかく》」は、性質《せいしつ》に加《くわ》え、生後《せいご》の環境《かんきょう》などのえいきょうにより形成《けいせい》されたものという意味合《いみあ》いが強《つよ》い。

使《つか》い分《わ》けの例《れい》
○ 油《あぶら》は水《みず》にとけない性質《せいしつ》をもつ。
× 油《あぶら》は水《みず》にとけない性格《せいかく》をもつ。
× 団体《だんたい》の性質《せいしつ》がわかりにくい。
○ 団体《だんたい》の性格《せいかく》がわかりにくい。

誠実《せいじつ》・正直《しょうじき》

【誠実《せいじつ》】 まごころがこもっていること。まじめ。
【正直《しょうじき》】 うそやごまかしがないこと。

参考 「誠実《せいじつ》」は、うそを言《い》ったり手《て》をぬいたりせず、真剣《しんけん》に取《と》り組《く》むという意味合《いみあ》いが強《つよ》く、「正直《しょうじき》」は、かくしだてをしないという意味《いみ》に重点《じゅうてん》が置《お》かれる。

使《つか》い分《わ》けの例《れい》
× 誠実《せいじつ》言《い》って、あの人《ひと》はきらいだ。
○ 正直《しょうじき》言《い》って、あの人《ひと》はきらいだ。
× 誠実《せいじつ》な感想《かんそう》を述《の》べる。
○ 正直《しょうじき》な感想《かんそう》を述《の》べる。
○ かれは仕事《しごと》を誠実《せいじつ》につとめた。
× かれは仕事《しごと》を正直《しょうじき》につとめた。
○ 自分《じぶん》の心《こころ》に誠実《せいじつ》に生《い》きる。
○ 自分《じぶん》の心《こころ》に正直《しょうじき》に生《い》きる。
参考 どちらを使《つか》ってもよい言《い》い方《かた》。

説明《せつめい》・解説《かいせつ》

【説明《せつめい》】 あることの意味《いみ》や内容《ないよう》を、よくわかるように述《の》べること。
【解説《かいせつ》】 問題《もんだい》やできごとなどの内容《ないよう》を細《こま》かく分《わ》け、そのわけをわかりやすく述《の》べること。

使《つか》い分《わ》けの例《れい》

○ 駅《えき》までの行《い》き方《かた》を説明《せつめい》する。

× 駅《えき》までの行《い》き方《かた》を解説《かいせつ》する。

× ニュースの説明者《せつめいしゃ》になる。

○ ニュースの解説者《かいせつしゃ》になる。

専念《せんねん》・没頭《ぼっとう》

【専念《せんねん》】ある一《ひと》つのことだけを、一生懸命《いっしょうけんめい》にすること。

【ぼっ（没《ぼっ》）頭《とう》】あるものごとに夢中《むちゅう》になること。

使《つか》い分《わ》けの例《れい》

○ 休《やす》みを取《と》り、治療《ちりょう》に専念《せんねん》する。

× 休《やす》みを取《と》り、治療《ちりょう》に没頭《ぼっとう》する。

× 宿題《しゅくだい》に手《て》をつけず、ゲームに専念《せんねん》する。

○ 宿題《しゅくだい》に手《て》をつけず、ゲームに没頭《ぼっとう》する。

想像《そうぞう》・空想《くうそう》

【想像《そうぞう》】実際《じっさい》にそこにないものや経験《けいけん》していないことを、心《こころ》の中《なか》に思《おも》いうかべること。

【空想《くうそう》】実際《じっさい》にはありそうもないことやまだ見《み》たこともないことを、あれこれ考《かんが》えること。

使《つか》い分《わ》けの例《れい》

○ 今後《こんご》のことは想像《そうぞう》できない。

× 今後《こんご》のことは空想《くうそう》できない。

× かれは想像家《そうぞうか》だ。

○ かれは空想家《くうそうか》だ。

相当《そうとう》・かなり

【相当《そうとう》】❶ちょうど当《あ》てはまること。❷だいぶ。

【かなり】だいぶ。ずいぶん。

使《つか》い分《わ》けの例《れい》

○ 一万円《いちまんえん》相当《そうとう》の品物《しなもの》をもらった。
× 一万円《いちまんえん》かなりの品物《しなもの》をもらった。
○ 電車《でんしゃ》は相当《そうとう》混《こ》んでいる。
○ 電車《でんしゃ》はかなり混《こ》んでいる。
参考 「だいぶ」という意味《いみ》ではどちらも使《つか》う。

大切《たいせつ》・大事《だいじ》

【大切《たいせつ》】
❶重要《じゅうよう》であるようす。
❷ていねいにあつかうようす。

【大事《だいじ》】
❶重要《じゅうよう》なこと。大変《たいへん》なこと。
❷重要《じゅうよう》であるようす。
❸そまつにしないようす。

使《つか》い分《わ》けの例《れい》
× 火事《かじ》は幸《さいわ》い大切《たいせつ》にはいたらなかった。
○ 火事《かじ》は幸《さいわ》い大事《だいじ》にはいたらなかった。
○ 父《ちち》からもらった時計《とけい》を大切《たいせつ》にする。
○ 父《ちち》からもらった時計《とけい》を大事《だいじ》にする。
参考 「重要《じゅうよう》であるようす」という意味《いみ》ではどちらも使《つか》う。

態度《たいど》・姿勢《しせい》

【態度《たいど》】
ものごとに応《おう》じたときの印象《いんしょう》が表《おもて》にあらわれたもの。

【姿勢《しせい》】
❶ものごとに応《おう》ずる心《こころ》の持《も》ち方《かた》や行動《こうどう》の仕方《しかた》。心《こころ》がまえ。
❷体《からだ》の格好《かっこう》。すがた。

使《つか》い分《わ》けの例《れい》
○ したくない気持《きも》ちを態度《たいど》であらわす。
× したくない気持《きも》ちを姿勢《しせい》であらわす。
× 政治態度《せいじたいど》を正《ただ》す。
○ 政治姿勢《せいじしせい》を正《ただ》す。
× 飛行機《ひこうき》の態度《たいど》を直《なお》す。
○ 飛行機《ひこうき》の姿勢《しせい》を直《なお》す。

短所《たんしょ》・弱点《じゃくてん》

【短所《たんしょ》】
ほかと比《くら》べておとっているところ。好《この》ましくないところ。

【弱点《じゃくてん》】

❶不十分《ふじゅうぶん》なところ。
❷知《し》られると困《こま》るようなこと。弱《よわ》み。

使《つか》い分《わ》けの例《れい》

× 相手《あいて》の短所《たんしょ》をついてせめる。
○ 相手《あいて》の弱点《じゃくてん》をついてせめる。
○ すぐにあきらめてしまうのが、弟《おとうと》の短所《たんしょ》だ。
○ すぐにあきらめてしまうのが、弟《おとうと》の弱点《じゃくてん》だ。

参考 「不十分《ふじゅうぶん》なところ」という意味《いみ》ではどちらも使《つか》う。

違《ちが》い・差《さ》

【ちがい（違▼《ちが》い）】
ちがうこと。同《おな》じでないこと。

【差《さ》】
（性質《せいしつ》・能力《のうりょく》・程度《ていど》などの）比《くら》べたときのへだたり、開《ひら》き。

使《つか》い分《わ》けの例《れい》

○ 「大《だい》」と「犬《いぬ》」の文字《もじ》の違《ちが》いを示《しめ》す。
× 「大《だい》」と「犬《いぬ》」の文字《もじ》の差《さ》を示《しめ》す。

× 一《1》〇《0》〇《0》メートル走《そう》では、タイムに大《おお》きな違《ちが》いがついた。
○ 一《1》〇《0》〇《0》メートル走《そう》では、タイムに大《おお》きな差《さ》がついた。

父《ちち》・お父《とう》さん・パパ

【父《ちち》】
❶男《おとこ》の親《おや》。父親《ちちおや》を家族以外《かぞくいがい》の相手《あいて》に話《はな》すときに使《つか》うことば。作文《さくぶん》でも使《つか》う。
❷あるものを始《はじ》めた人《ひと》。

【お父《とう》さん】
子《こ》どもが父《ちち》を呼《よ》ぶことば。

【パパ】
年令《ねんれい》の小《ちい》さい子《こ》どもが、父《ちち》を呼《よ》ぶことば。

使《つか》い分《わ》けの例《れい》

○ 近代医学《きんだいいがく》の父《ちち》。
× 近代医学《きんだいいがく》のお父《とう》さん（パパ）。
○ 父《ちち》と釣《つ》りに行《い》きました。
× パパ（お父《とう》さん）と釣《つ》りに行《い》きました。

参考 作文《さくぶん》で書《か》く時《とき》、「 」に入《い》れた話《はな》しことばの場合《ばあい》は、お父《とう》さんやパパでもよい。

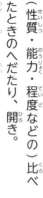

× 「父《ちち》、早《はや》く起《お》きてよ。」
○ 「パパ（お父《とう》さん）、早《はや》く起《お》きてよ。」
参考 話《はな》しことばで呼《よ》びかける場合《ばあい》「父《ちち》」は使《つか》わない。

調子《ちょうし》・具合《ぐあい》

【調子《ちょうし》】あることのようす、進《すす》み具合《ぐあい》。
【具合《ぐあい》】あることの成《な》り行《ゆ》き、加減《かげん》。

使《つか》い分《わ》けの例《れい》
○ 人《ひと》に調子《ちょうし》を合《あ》わせる。
× 人《ひと》に具合《ぐあい》を合《あ》わせる。
× いい調子《ちょうし》に雨《あめ》がやむ。
○ いい具合《ぐあい》に雨《あめ》がやむ。
○ おなかの調子《ちょうし》がよくない。
○ おなかの具合《ぐあい》がよくない。
参考 「ものごとの状態《じょうたい》、健康状態《けんこうじょうたい》」という意味《いみ》ではどちらも使《つか》う。

適当《てきとう》・適切《てきせつ》

【適当《てきとう》】❶目的《もくてき》や条件《じょうけん》に、よく当《あ》てはまるようす。❷いい加減《かげん》なこと。
【適切《てきせつ》】よく当《あ》てはまるようす。ふさわしいようす。

使《つか》い分《わ》けの例《れい》
○ めんどうなので適当《てきとう》に処理《しょり》する。
× めんどうなので適切《てきせつ》に処理《しょり》する。
○ 算数《さんすう》が苦手《にがて》な人《ひと》にとって適当《てきとう》なドリルをおすすめする。
○ 算数《さんすう》が苦手《にがて》な人《ひと》にとって適切《てきせつ》なドリルをおすすめする。

参考 「よくあてはまる」という意味《いみ》ではどちらも使《つか》う。

天気《てんき》・天候《てんこう》

【天気《てんき》】❶（その時《とき》、その場所《ばしょ》の）空《そら》のようす。また、空《そら》の変化《へんか》のようす。❷晴《は》れ。晴天《せいてん》。

【天候《てんこう》】
（ある期間《きかん》にわたる）空《そら》のようす。空模様《そらもよう》。

使《つか》い分《わ》けの例《れい》

○ 雨《あめ》がやんで、天気《てんき》になる。
× 雨《あめ》がやんで、天候《てんこう》になる。
× この秋《あき》は天気《てんき》が不順《ふじゅん》だ。
○ この秋《あき》は天候《てんこう》が不順《ふじゅん》だ。

同感《どうかん》・共感《きょうかん》

【同感《どうかん》】
ある人《ひと》の感《かん》じ方《かた》や考《かんが》え方《かた》と同《おな》じように感《かん》じたり考《かんが》えたりすること。

【共感《きょうかん》】
ほかの人《ひと》の考《かんが》えや気持《きも》ちなどに、自分《じぶん》もそのとおりだと感《かん》じること。

使《つか》い分《わ》けの例《れい》

○ 君《きみ》の主張《しゅちょう》に全《まった》く同感《どうかん》だ。
× 君《きみ》の主張《しゅちょう》に全《まった》く共感《きょうかん》だ。
× かれの行動《こうどう》に同感《どうかん》を覚《おぼ》える。
○ かれの行動《こうどう》に共感《きょうかん》を覚《おぼ》える。

人気《にんき》・人望《じんぼう》

【人気《にんき》】
人々《ひとびと》がその人《ひと》や物《もの》を好《す》きだと思《おも》う気持《きも》ち。世《よ》の中《なか》のよい評判《ひょうばん》。

【人望《じんぼう》】
多《おお》くの人々《ひとびと》がその人《ひと》に寄《よ》せる、信頼《しんらい》や尊敬《そんけい》。

参考 物《もの》については言《い》わない。

使《つか》い分《わ》けの例《れい》

○ そのケーキは人気《にんき》があって、すぐに売《う》り切《き》れる。
× そのケーキは人望《じんぼう》があって、すぐに売《う》り切《き》れる。
× 先生《せんせい》は、生徒《せいと》からの人気《にんき》が厚《あつ》い。
○ 先生《せんせい》は、生徒《せいと》からの人望《じんぼう》が厚《あつ》い。

場合《ばあい》・時《とき》

【場合《ばあい》】
あることが行《おこな》われたり起《お》こったりするときの、状況《じょうきょう》や状《じょう》態《たい》。具体的《ぐたいてき》で一《ひと》つ一《ひと》つの状況《じょうきょう》を指《さ》すことが多《おお》い。

【時《とき》】

❶移《うつ》りゆく時間《じかん》の中《なか》のある一点《いってん》。

❷もし～ならば。～場合《ばあい》。

参考 ふつうかなで書《か》く。

使《つか》い分《わ》けの例《れい》

○ 電車《でんしゃ》でねていても、わたしの場合《ばあい》は乗《の》りこしません。

× 電車《でんしゃ》でねていても、わたしの時《とき》は乗《の》りこしません。

× 祖母《そぼ》が家《いえ》にきた場合《ばあい》に、おもちゃを買《か》ってもらった。

○ 祖母《そぼ》が家《いえ》にきた時《とき》に、おもちゃを買《か》ってもらった。

○ 休《やす》む場合《ばあい》は、連絡《れんらく》するように。

○ 休《やす》む時《とき》は、連絡《れんらく》するように。

参考 「時《とき》」は、「場合《ばあい》」と同《おな》じ意味《いみ》で使《つか》われることがある。

母《はは》・お母《かあ》さん・ママ

【母《はは》】

❶女《おんな》の親《おや》。母親《ははおや》を家族以外《かぞくいがい》の相手《あいて》に話《はな》すときに使《つか》うことば。作文《さくぶん》でも使《つか》う。

❷ものごとを作《つく》り出《だ》すもと。

【お母《かあ》さん】

子《こ》どもが母《はは》を呼《よ》ぶことば。

【ママ】

年令《ねんれい》の小《ちい》さい子《こ》どもが、母《はは》を呼《よ》ぶことば。

使《つか》い分《わ》けの例《れい》

○ 必要《ひつよう》は発明《はつめい》の母《はは》。

× 必要《ひつよう》は発明《はつめい》のお母《かあ》さん（ママ）。

○ 「母《はは》が編《あ》んでくれたセーターです。」と校長先生《こうちょうせんせい》にお話《はな》しする。

× 「ママ（お母《かあ》さん）が編《あ》んでくれたセーターです。」と校長先生《こうちょうせんせい》にお話《はな》しする。

× 「母《はは》、早《はや》く起《お》きてよ。」

○ 「ママ（お母《かあ》さん）、早《はや》く起《お》きてよ。」

参考 話《はな》しことばで呼《よ》びかける場合《ばあい》「母《はは》」は使《つか》わない。

一《ひと》つ一《ひと》つ・いちいち

【一《ひと》つ一《ひと》つ】

たくさんあるものの、それぞれ。一《ひと》つずつ。

【いちいち】

❶一《ひと》つ一《ひと》つ。また、一《ひと》つ残《のこ》らず全部《ぜんぶ》。

❷細《こま》かなことを、一《ひと》つ一《ひと》つ取《と》り上《あ》げるさま。

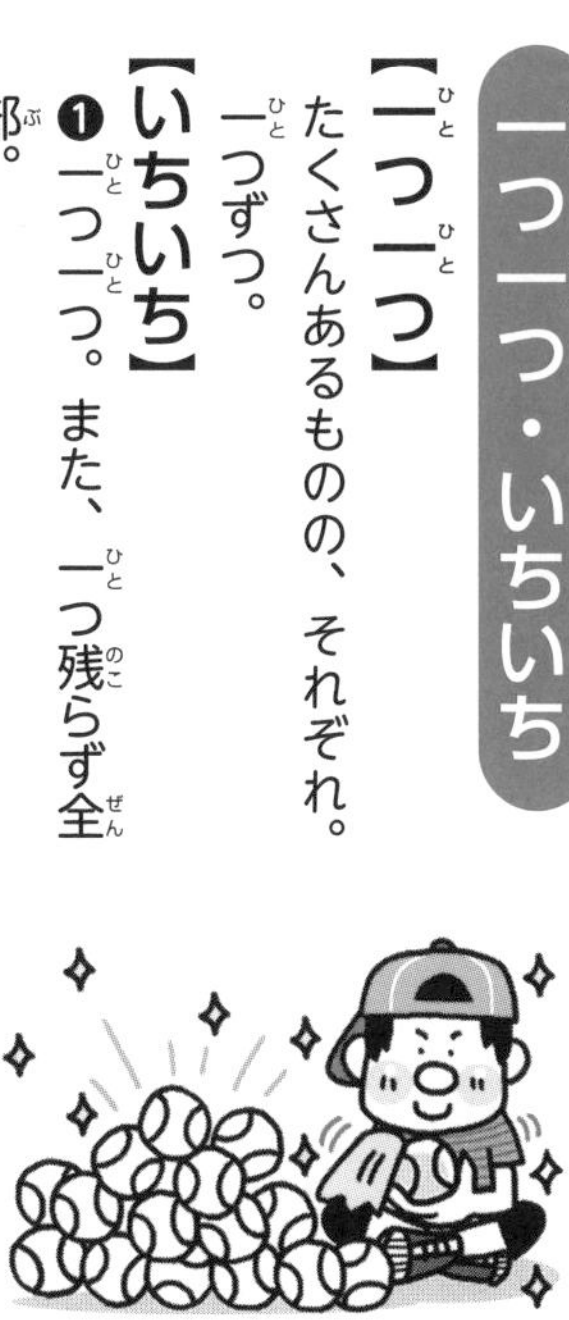

参考 よい意味《いみ》では使《つか》わない。もし、使《つか》うと「いやみ」な感《かん》じがふくまれることになる。▽漢字《かんじ》で書《か》くと「一一《いちいち》」だが、ふつうかなで書《か》く。

使《つか》い分《わ》けの例《れい》

○ あせらずに、問題《もんだい》を一《ひと》つ一《ひと》つ解決《かいけつ》していこう。

× あせらずに、問題《もんだい》をいちいち解決《かいけつ》していこう。

× 人《ひと》のことに一《ひと》つ一《ひと》つうるさい人《ひと》。

○ 人《ひと》のことにいちいちうるさい人《ひと》。

× おっしゃることは、一《ひと》つ一《ひと》つごもっともです。

○ おっしゃることは、いちいちごもっともです。

批判《ひはん》・批評《ひひょう》

【批判《ひはん》】 ものごとの悪《わる》い点《てん》を指《さ》して、意見《いけん》を言《い》うこと。

【批評《ひひょう》】 ものごとのよい悪《わる》いを判断《はんだん》し、それについて、自分《じぶん》の意《い》見《けん》を言《い》うこと。

使《つか》い分《わ》けの例《れい》

○ みんなの批判《ひはん》の的《まと》となる。

× みんなの批評《ひひょう》の的《まと》となる。

× 映画《えいが》の批判家《ひはんか》になりたい。

○ 映画《えいが》の批評家《ひひょうか》になりたい。

部分《ぶぶん》・一部《いちぶ》

【部分《ぶぶん》】 全体《ぜんたい》を、まとまりのあるいくつかに分《わ》けたうちの一《ひと》つ。一部《いちぶ》。パーツ。

【一部《いちぶ》】 全体《ぜんたい》の中《なか》の少《すこ》しの部分《ぶぶん》であるという量《りょう》。

使《つか》い分《わ》けの例《れい》

○ この文章《ぶんしょう》で大切《たいせつ》な部分《ぶぶん》はどこですか?

× この文章《ぶんしょう》で大切《たいせつ》な一部《いちぶ》はどこですか?

× 部分《ぶぶん》の人《ひと》が反対《はんたい》している。

○ 一部《いちぶ》の人《ひと》が反対《はんたい》している。

雰囲気《ふんいき》・気配《けはい》

【ふん（▼雰《ふん》）囲《い》気《き》】

その人《ひと》やその場所《ばしょ》から自然《しぜん》に作《つく》られる、気分《きぶん》。空気《くうき》。

【気配《けはい》】その場所《ばしょ》の状況《じょうきょう》から、どうもそうであるらしいと、何《なん》となく感《かん》じられるようす。

使《つか》い分《わ》けの例《れい》

○ クラスの雰囲気《ふんいき》がよくなる。

× クラスの気配《けはい》がよくなる。

× とびらのかげに人《ひと》の雰囲気《ふんいき》を感《かん》じる。

○ とびらのかげに人《ひと》の気配《けはい》を感《かん》じる。

返事《へんじ》・応答《おうとう》

【返事《へんじ》】❶答《こた》えること。答《こた》えのことば。
❷答《こた》えの手紙《てがみ》や文書《ぶんしょ》。

【応答《おうとう》】話《はな》しかけられたり聞《き》かれたりしたことに答《こた》えること。受《う》け答《こた》え。

参考 「応答《おうとう》」は、無線《むせん》などで多《おお》く使《つか》われる。また、特《とく》に、「質疑応答《しつぎおうとう》（＝質問《しつもん》と、それに対《たい》する回答《かいとう》）」の形《かたち》で使《つか》われる。

使《つか》い分《わ》けの例《れい》

○ 先生《せんせい》に名前《なまえ》を呼《よ》ばれたら、大《おお》きな声《こえ》で返事《へんじ》をする。

× 先生《せんせい》に名前《なまえ》を呼《よ》ばれたら、大《おお》きな声《こえ》で応答《おうとう》をする。

○ 無線《むせん》で問《と》いかけても、登山隊《とざんたい》からの返事《へんじ》がない。

○ 無線《むせん》で問《と》いかけても、登山隊《とざんたい》からの応答《おうとう》がない。

参考 どちらを使《つか》ってもよい言《い》い方《かた》。

○ 友《とも》だちに手紙《てがみ》の返事《へんじ》を出《だ》す。

× 友《とも》だちに手紙《てがみ》の応答《おうとう》を出《だ》す。

便利《べんり》・重宝《ちょうほう》

【便利《べんり》】都合《つごう》がよいこと。うまく役《やく》に立《た》つこと。

【重宝《ちょうほう》】使《つか》って役《やく》に立《た》つこと。また、役《やく》に立《た》つものとして使《つか》うこと。

使《つか》い分《わ》けの例《れい》

○ この辺《へん》は、交通《こうつう》が便利《べんり》だ。

× この辺《へん》は、交通《こうつう》が重宝《ちょうほう》だ。

× この道具《どうぐ》は便利《べんり》している。

○ この道具《どうぐ》は重宝《ちょうほう》している。

方向《ほうこう》・方角《ほうがく》

【方向《ほうこう》】

❶向《む》いている方面《ほうめん》。向《む》き。

❷ものごとを進《すす》めていく目《め》当《あ》て。

【方角《ほうがく》】

東西南北《とうざいなんぼく》などの向《む》き。方位《ほうい》。

使《つか》い分《わ》けの例《れい》

○ 病状《びょうじょう》がよい方向《ほうこう》に向《む》かう。

× 病状《びょうじょう》がよい方角《ほうがく》に向《む》かう。

△ 磁石《じしゃく》を使《つか》って方向《ほうこう》を調《しら》べる。

○ 磁石《じしゃく》を使《つか》って方角《ほうがく》を調《しら》べる。

参考 東西南北《とうざいなんぼく》の向《む》きは「方向《ほうこう》」でもいえるが、ふつう「方角《ほうがく》」でいうほうが多《おお》い。

方法《ほうほう》・手段《しゅだん》

【方法《ほうほう》】

ある目的《もくてき》を果《は》たすためのやり方《かた》。手立《てだ》て。

【手段《しゅだん》】

ある目的《もくてき》を成《な》しとげるためのやり方《かた》。仕方《しかた》。

参考 「方法《ほうほう》」は、目的《もくてき》を達成《たっせい》するための「おおすじのやり方《かた》」をいう。一方《いっぽう》「手段《しゅだん》」は、方法《ほうほう》の中《なか》で考《かんが》えられる「個々《ここ》の具体的《ぐたいてき》なやり方《かた》」という意味合《いみあ》いが強《つよ》い。

使《つか》い分《わ》けの例《れい》

○ 調理《ちょうり》の方法《ほうほう》を教《おし》えてもらう。

× 調理《ちょうり》の手段《しゅだん》を教《おし》えてもらう。

× 現地《げんち》に行《い》く交通方法《こうつうほうほう》がない。

○ 現地《げんち》に行《い》く交通手段《こうつうしゅだん》がない。

本来《ほんらい》・もともと

【本来《ほんらい》】

今《いま》はちがっているかもしれないが、もとをたどれば、その状態《じょうたい》であること。

【もともと】

❶はじめから。もとから。

❷損《そん》にも得《とく》にもならないこと。

参考 漢字《かんじ》で書《か》くと「元元《もともと》」だが、ふつうかなで書《か》くことが多《おお》い。

使《つか》い分《わ》けの例《れい》

○ ようやく本来《ほんらい》の調子《ちょうし》を取《と》りもどす。

× ようやくもともとの調子《ちょうし》を取《と》りもどす。
× 負《ま》けて本来《ほんらい》だと思《おも》っている。
○ 負《ま》けてもともとだと思《おも》っている。

未来《みらい》・将来《しょうらい》

【未来《みらい》】 現在《げんざい》のあとにくる、これから先《さき》の時《とき》。
【将来《しょうらい》】 これから先《さき》。行《ゆ》く末《すえ》。

使《つか》い分《わ》けの例《れい》
○ 未来《みらい》都市《とし》の想像図《そうぞうず》を見《み》た。
× 将来《しょうらい》都市《とし》の想像図《そうぞうず》を見《み》た。
× 未来《みらい》の希望《きぼう》はパイロットだ。
○ 将来《しょうらい》の希望《きぼう》はパイロットだ。
○ 日本《にっぽん》の未来《みらい》を考《かんが》える。
○ 日本《にっぽん》の将来《しょうらい》を考《かんが》える。

参考 これからあとの状態《じょうたい》の意味《いみ》ではどちらも使《つか》う。

命中《めいちゅう》・的中《てきちゅう》

【命中《めいちゅう》】 ねらったものに、うまく当《あ》たること。
【的中《てきちゅう》】 ❶たまや矢《や》が、的《まと》に当《あ》たること。❷考《かんが》えたことがぴたりと当《あ》たること。

使《つか》い分《わ》けの例《れい》
○ えものに命中《めいちゅう》させるには遠《とお》すぎる。
× えものに的中《てきちゅう》させるには遠《とお》すぎる。
× ぼくの予感《よかん》は命中《めいちゅう》した。
○ ぼくの予感《よかん》は的中《てきちゅう》した。

目標《もくひょう》・目的《もくてき》

【目標《もくひょう》】 ひとまず、行《い》き着《つ》きたいと思《おも》って目指《めざ》すもの。ねらい。
【目的《もくてき》】 最終的《さいしゅうてき》にたどり着《つ》きたいと思《おも》って目指《めざ》すもの。目当《めあ》て。

使《つか》い分《わ》けの例《れい》
○ 自分《じぶん》が登《のぼ》った山《やま》より高《たか》い山《やま》を目標《もくひょう》に登山《とざん》する。

× 自分《じぶん》が登《のぼ》った山《やま》より高《たか》い山《やま》を目的《もくてき》に登山《とざん》する。
× 食《た》べるのが目標《もくひょう》で家庭科《かていか》クラブに入《はい》る。
○ 食《た》べるのが目的《もくてき》で家庭科《かていか》クラブに入《はい》る。

勇気《ゆうき》・度胸《どきょう》

【勇気《ゆうき》】 ものごとをおそれない、強《つよ》く勇《いさ》ましい心《こころ》。

【度胸《どきょう》】 ものごとをおそれずに、自分《じぶん》からものごとに向《む》かっていく気《き》の強《つよ》さ。単《たん》に神経《しんけい》が太《ふと》いだけの場合《ばあい》にも使《つか》われる。

使《つか》い分《わ》けの例《れい》

○ 試合《しあい》で負《ま》けた仲間《なかま》を勇気《ゆうき》づける。
× 試合《しあい》で負《ま》けた仲間《なかま》を度胸《どきょう》づける。
× あの人《ひと》は勇気《ゆうき》がすわっている人《ひと》だ。
○ あの人《ひと》は度胸《どきょう》がすわっている人《ひと》だ。

有名《ゆうめい》・著名《ちょめい》

【有名《ゆうめい》】 広《ひろ》く知《し》られていること。名《な》が知《し》られていること。

【著名《ちょめい》】 名《な》が知《し》れわたっているようす。

使《つか》い分《わ》けの例《れい》

○ あの話《はなし》は有名《ゆうめい》だ。
× あの話《はなし》は著名《ちょめい》だ。
○ 有名《ゆうめい》な作家《さっか》。
○ 著名《ちょめい》な作家《さっか》。

参考 「名《な》が知《し》られていること」という意味《いみ》ではどちらも使《つか》う。

よい・いい・よろしい

【よい】 すぐれている、正《ただ》しいなど、プラス評価《ひょうか》の意味《いみ》。

【いい】 「よい」のくだけた言《い》い方《かた》。

類義語
意味が似ていることば

【よろしい】

「よい」の改《あらた》まった言《い》い方《かた》。

参考 立場《たちば》の上《うえ》の人《ひと》が下《した》の人《ひと》のやったことを評価《ひょうか》したり、下《した》の人《ひと》が上《うえ》の人《ひと》の都合《つごう》を聞《き》くのにも使《つか》う。例 今《いま》の応対《おうたい》は、たいへんよろしい。／今回《こんかい》の作品《さくひん》は、非常《ひじょう》によろしい。／明日《あす》三時《さんじ》にうかがってもよろしいでしょうか。

使《つか》い分《わ》けの例《れい》
○ 君《きみ》は、よい先生《せんせい》になるよ。
○ 君《きみ》は、いい先生《せんせい》になるよ。
× 君《きみ》は、よろしい先生《せんせい》になるよ。
○ ご都合《つごう》がいい日《ひ》をお知《し》らせください。
○ ご都合《つごう》がよい日《ひ》をお知《し》らせください。
○ ご都合《つごう》がよろしい日《ひ》をお知《し》らせください。
参考 後《あと》にいくほどていねいな言《い》い方《かた》になる。

要領《ようりょう》・こつ

【要領《ようりょう》】
❶ものごとの大切《たいせつ》なところ。
❷ものごとを上手《じょうず》に行《おこな》う方法《ほうほう》。

【こつ】

ものごとをうまく成《な》しとげるために役立《やくだ》つ方法《ほうほう》。

参考 漢字《かんじ》で書《か》くと「骨《こつ》」だが、ふつうかなで書《か》く。

使《つか》い分《わ》けの例《れい》
○ さっぱり要領《ようりょう》を得《え》ない説明《せつめい》。
× さっぱりこつを得《え》ない説明《せつめい》。
× 一度《いちど》にかたづける要領《ようりょう》がある。
○ 一度《いちど》にかたづけるこつがある。

世《よ》の中《なか》・世間《せけん》

【世《よ》の中《なか》】

人々《ひとびと》がつながりをもって生活《せいかつ》している場《ば》。


【世間《せけん》】
❶生活《せいかつ》している場《ば》。生活《せいかつ》している人々《ひとびと》。
❷人々《ひとびと》とのつき合《あ》いのはん囲《い》。

使《つか》い分《わ》けの例《れい》
○ 暮《く》らしにくい世《よ》の中《なか》になった。
× 暮《く》らしにくい世間《せけん》になった。
× 世《よ》の中《なか》知《し》らずにもほどがある。
○ 世間《せけん》知《し》らずにもほどがある。

理解《りかい》・了解《りょうかい》

【理解《りかい》】
❶ものごとの筋道《すじみち》やわけを知《し》ること。
❷人《ひと》の立場《たちば》や気持《きも》ちを思《おも》いやること。

【りょう（了《りょう》）解《かい》】
ものごとの筋道《すじみち》やわけをよく知《し》って、納得《なっとく》すること。

使《つか》い分《わ》けの例《れい》
○ 相手《あいて》の考《かんが》えに理解《りかい》を示《しめ》す。
× 相手《あいて》の考《かんが》えに了解《りょうかい》を示《しめ》す。
× 欠席《けっせき》の申《もう》し出《で》を理解《りかい》する。
○ 欠席《けっせき》の申《もう》し出《で》を了解《りょうかい》する。

略《りゃく》す・省《はぶ》く

【略《りゃく》す】
なくてすむものを取《と》りのぞいて減《へ》らす。簡単《かんたん》にする。

【省《はぶ》く】
余計《よけい》なものを取《と》りのぞいて減《へ》らす。

使《つか》い分《わ》けの例《れい》
○ パーソナルコンピューター、略《りゃく》してパソコン。
× パーソナルコンピューター、省《はぶ》いてパソコン。
× むだな時間《じかん》を略《りゃく》す。
○ むだな時間《じかん》を省《はぶ》く。

利用《りよう》・活用《かつよう》

【利用《りよう》】
❶役《やく》に立《た》つように、うまく使《つか》うこと。
❷自分《じぶん》が得《とく》をするために物《もの》・人《ひと》・地位《ちい》などを使《つか》うこと。

【活用《かつよう》】
そのものの性質《せいしつ》や働《はたら》きをうまく生《い》かして使《つか》うこと。

参考 「利用《りよう》」と「活用《かつよう》」を合《あ》わせた「利活用《りかつよう》」といういい方《かた》もある。

使《つか》い分《わ》けの例《れい》
○ 電車《でんしゃ》を利用《りよう》して会場《かいじょう》へ行《い》く。
× 電車《でんしゃ》を活用《かつよう》して会場《かいじょう》へ行《い》く。
× 人材《じんざい》の利用《りよう》をはかる。
○ 人材《じんざい》の活用《かつよう》をはかる。

例外《れいがい》・特別《とくべつ》

【例外《れいがい》】 決《き》まりに当《あ》てはまらないこと。ふつうの例《れい》から外《はず》れること。

【特別《とくべつ》】 ふつうとはちがっているようす。

使《つか》い分《わ》けの例《れい》

○ 規則《きそく》に例外《れいがい》をもうける。
× 規則《きそく》に特別《とくべつ》をもうける。
× 今日《きょう》は例外《れいがい》暑《あつ》い。
○ 今日《きょう》は特別《とくべつ》暑《あつ》い。
○ ふつうの人《ひと》は入《はい》れないが、かれは例外《れいがい》だ。
○ ふつうの人《ひと》は入《はい》れないが、かれは特別《とくべつ》だ。

参考 一《ひと》つだけあつかいを別《べつ》にすることを示《しめ》すときは、どちらも使《つか》う。

礼儀《れいぎ》・行儀《ぎょうぎ》

【礼《れい》ぎ（儀《ぎ》）】 人《ひと》を敬《うやま》う気持《きも》ちをあらわす行動《こうどう》のあり方《かた》。礼《れい》。

【行《ぎょう》ぎ（儀《ぎ》）】 （礼儀《れいぎ》の面《めん》からみた）立《た》ったりすわったりする、動作《どうさ》の仕方《しかた》。

使《つか》い分《わ》けの例《れい》

○ 礼儀《れいぎ》正《ただ》しい人《ひと》。
× 行儀《ぎょうぎ》正《ただ》しい人《ひと》。
× 礼儀《れいぎ》がいい。
○ 行儀《ぎょうぎ》がいい。

わがまま・勝手《かって》

【わがまま】 （人《ひと》のことを考《かんが》えずに）自分《じぶん》の思《おも》うままにふるまうこと。

参考 他人《たにん》との関係《かんけい》が問題《もんだい》になる。

【勝手《かって》】
自分《じぶん》の都合《つごう》だけを考《かんが》えればよいと考《かんが》え、ふるまうこと。

使《つか》い分《わ》けの例《れい》
○ わがままいっぱいに育《そだ》つ。
× 勝手《かって》いっぱいに育《そだ》つ。
× 「もう、わがままにしなさい。」と母《はは》におこられた。
○ 「もう、勝手《かって》にしなさい。」と母《はは》におこられた。
× 自分《じぶん》わがまま。
○ 自分勝手《じぶんかって》。

私《わたし》・僕《ぼく》・俺《おれ》

【私《わたし》】
自分《じぶん》のことを指《さ》すことば。
参考 ふつうの言《い》い方《かた》。男性《だんせい》の場合《ばあい》、話《はな》しことばだと改《あらた》まった感《かん》じになる。

【ぼく（▼僕《ぼく》）】
とくに男性《だんせい》が、自分《じぶん》を指《さ》すことば。
参考 話《はな》しことばとして使《つか》うことが多《おお》い。

【おれ（▼俺《おれ》）】
くだけた場面《ばめん》での話《はな》しことばとして、自分《じぶん》を指《さ》すことば。
参考 自分《じぶん》と立場《たちば》が同《おな》じか、目下《めした》の人《ひと》に対《たい》して使《つか》う。多《おお》く男性《だんせい》が言《い》う。

使《つか》い分《わ》けの例《れい》
○ 私《わたし》は弁護士《べんごし》です。（公《おおやけ》の場《ば》で話《はな》すときは「私《わたし》」を使《つか》うのがふつう。）
△ 僕《ぼく》は弁護士《べんごし》です。（かしこまらない場合《ばあい》で話《はな》すときならよい。）
△ 俺《おれ》は弁護士《べんごし》です。（ざっくばらんに話《はな》すときならよい。）

第《だい》2章《しょう》

対《たい》義《ぎ》語《ご》（反《はん》対《たい》語《ご》）

上《あ》がる⇔下《さ》がる

【上《あ》がる】ものの位置《いち》や程度《ていど》、あたいなどが高《たか》くなる。例 物価《ぶっか》が上《あ》がる。／室温《しつおん》が上《あ》がる。参考「よくなる。うまくなる」の意味《いみ》もある。例 ピアノのうでが上《あ》がる。▽その反対《はんたい》の意味《いみ》では、「落《お》ちる」が使《つか》われる。例 味《あじ》が落《お》ちる。

【下《さ》がる】ものの位置《いち》や程度《ていど》、あたいなどが低《ひく》くなる。例 気温《きおん》が下《さ》がる。／成績《せいせき》が下《さ》がる。／値段《ねだん》が下《さ》がる。／熱《ねつ》が下《さ》がる。

明《あか》るい⇔暗《くら》い

【明《あか》るい】❶光《ひかり》が強《つよ》く、ものがよく見《み》えるようす。例 この部屋《へや》は明《あか》るい。❷ほがらか。例 明《あか》るい声《こえ》で歌《うた》う。❸希望《きぼう》がもてる。例 明《あか》るい社会《しゃかい》を築《きず》く。／明《あか》るい未来《みらい》が開《ひら》ける。

【暗《くら》い】❶光《ひかり》が弱《よわ》く、ものがよく見《み》えないようす。例 夜道《よみち》は暗《くら》い。❷晴《は》ればれしない。例 気持《きも》ちが暗《くら》い。❸希望《きぼう》がもてない。例 景気《けいき》の見通《みとお》しは暗《くら》い。

コラム 「あたたかい」の対義語《たいぎご》はなに？

気温《きおん》には「暑《あつ》い／寒《さむ》い」と「暖《あたた》かい／涼《すず》しい」という二組《ふたくみ》の反対語《はんたいご》があります。温度《おんど》からいえば「暑《あつ》い➡暖《あたた》かい➡涼《すず》しい➡寒《さむ》い」と並《なら》べることもできるかもしれません。しかし「暑《あつ》い／寒《さむ》い」は不快《ふかい》に感《かん》じていることをあらわすことばの対《つい》で、「暖《あたた》かい／涼《すず》しい」は気持《きも》ちのよい気温《きおん》をあらわすことばの対《つい》ともいえます。

さらに実際《じっさい》の使《つか》い方《かた》を見《み》ていくと、ほかの考《かんが》え方《かた》もできます。夏《なつ》には「外《そと》は暑《あつ》いが室内《しつない》は涼《すず》しい」、冬《ふゆ》には「外《そと》は寒《さむ》いが室内《しつない》は暖《あたた》かい」というように、高温《こうおん》で不快《ふかい》な「暑《あつ》さ」と快適《かいてき》な「涼《すず》しさ」、低温《ていおん》で不快《ふかい》な「寒《さむ》さ」と快適《かいてき》な「暖《あたた》かさ」という対《つい》になって使《つか》われています。

さらに、さわって感《かん》じる温度《おんど》についても考《かんが》えてみましょう。「熱《あつ》い／冷《つめ》たい」は、「熱《あつ》いお茶《ちゃ》」「冷《つめ》たいジュース」というように、心地《ここち》よい温度《おんど》をあらわすのにも使《つか》います。

「温《あたた》かい」も「温《あたた》かいスープ」というように、やや高《たか》めの温度《おんど》で心地《ここち》よいことをあらわします。同《おな》じ高《たか》めの温度《おんど》でも、不快《ふかい》な状態《じょうたい》になると「ぬるい」といいます。低《ひく》めの温度《おんど》で心地《ここち》よいことをあらわしたいときは、「ひんやりした」という言《い》い方《かた》をします。

さて、「温《あたた》かい」と対《つい》になるのは、どんなことばでしょうか。

悪徳《あくとく》 ⇔ 美徳《びとく》

【悪徳《あくとく》】人《ひと》の道《みち》にはずれた、よくない心《こころ》。また、悪《わる》いおこない。例 悪徳業者《あくとくぎょうしゃ》。

【美徳《びとく》】正《ただ》しくりっぱな心《こころ》がけやおこない。例 ゆずりあいは美徳《びとく》の一《ひと》つである。

朝日《あさひ》 ⇔ 夕日《ゆうひ》

【朝日《あさひ》】朝《あさ》、東《ひがし》にのぼる太陽《たいよう》。またその光《ひかり》。例 朝日《あさひ》を浴《あ》びると、すっきりと目《め》が覚《さ》める。／朝日《あさひ》が水平線《すいへいせん》から顔《かお》を出《だ》す。／窓《まど》から朝日《あさひ》が差《さ》しこむ。

【夕日《ゆうひ》】夕方《ゆうがた》、西《にし》にしずむ太陽《たいよう》。またその光《ひかり》。例 海《うみ》にしずむ夕日《ゆうひ》が美《うつく》しい。／夕日《ゆうひ》を写真《しゃしん》にとる。参考「夕陽（ゆうひ）」とも書《か》く。

厚《あつ》い ⇔ 薄《うす》い

【厚《あつ》い】二《ふた》つの面《めん》の間《あいだ》のはなれ方《かた》が大《おお》きい。例 厚《あつ》いコートを着《き》る。／工作《こうさく》に使《つか》うための厚《あつ》い紙《かみ》を買《か》う。／厚《あつ》く切《き》ったカステラ。

【うすい（▼薄《うす》い）】二《ふた》つの面《めん》の間《あいだ》のはなれ方《かた》が小《ちい》さい。例 薄《うす》いセーターをはおる。／包《つつ》み紙《がみ》が薄《うす》いので、中《なか》がすけて見《み》える。／人数《にんずう》が多《おお》いので、一人分《ひとりぶん》を薄《うす》く切《き》る。

暑《あつ》い ⇔ 寒《さむ》い

【暑《あつ》い】気温《きおん》が高《たか》い。気温《きおん》の高《たか》さを感《かん》じる。例 今年《ことし》の夏《なつ》は、去年《きょねん》よりもずっと暑《あつ》い。／暖《だん》ぼうを強《つよ》くしたせいか暑《あつ》いくらいだ。

【寒《さむ》い】気温《きおん》が低《ひく》い。気温《きおん》の低《ひく》さを感《かん》じる。例 北国《きたぐに》の冬《ふゆ》は寒《さむ》い。／寒《さむ》いので、コートを着《き》て出《で》かけた。

熱《あつ》い ⇔ 冷《つめ》たい

【熱《あつ》い】

❶温度《おんど》が高《たか》い。例 熱《あつ》いお茶《ちゃ》を飲《の》む。／おふろが熱《あつ》いので、水《みず》を入《い》れる。
❷はげしい気持《きも》ちが感《かん》じられる。例 悲《かな》しい物語《ものがたり》を読《よ》んで胸《むね》が熱《あつ》くなる。

【冷《つめ》たい】
❶温度《おんど》が低《ひく》い。例 冷《つめ》たいジュースを飲《の》む。
❷思《おも》いやりがない。例 友《とも》だちの態度《たいど》が冷《つめ》たいので、わけをたずねる。

悪化《あっか》⇔好転《こうてん》

【悪化《あっか》】

ものごとの状態《じょうたい》が悪《わる》くなること。例 景気《けいき》が悪化《あっか》する。／会社《かいしゃ》の経営状態《けいえいじょうたい》が悪化《あっか》する。／治安《ちあん》の悪化《あっか》を心配《しんぱい》する。


【好転《こうてん》】

ものごとの状況《じょうきょう》がよい方向《ほうこう》に向《む》かうこと。例 好転《こうてん》のチャンス。／ようやく景気《けいき》が好転《こうてん》した。

安心《あんしん》⇔心配《しんぱい》／不安《ふあん》

【安心《あんしん》】

気《き》がかりなことがないこと。例 目的地《もくてきち》に無事《ぶじ》に着《つ》いたと聞《き》いて、安心《あんしん》する。


【心配《しんぱい》】

どうなるのかと気《き》にすること。例 弟《おとうと》の帰《かえ》りがおそいので心配《しんぱい》だ。


【不安《ふあん》】

おそろしいことや気《き》がかりなことがあって、気持《きも》ちが落《お》ち着《つ》かないこと。例 迷子《まいご》になって不安《ふあん》を感《かん》じる。／夜中《よなか》じゅうあらしがふきあれ、不安《ふあん》な一夜《いちや》を過《す》ごす。

安全《あんぜん》⇔危険《きけん》

【安全《あんぜん》】

危《あぶ》なくないこと。例 安全《あんぜん》な場所《ばしょ》へ避難《ひなん》する。／この道《みち》を通《とお》って行《い》けば安全《あんぜん》だ。


【危険《きけん》】

危《あぶ》ないこと。例 この先《さき》は、山《やま》くずれの危険《きけん》がある。／一人《ひとり》で無人島《むじんとう》へ行《い》くなんて、危険《きけん》が多《おお》すぎる。

安楽《あんらく》⇔苦労《くろう》

【安楽《あんらく》】

心配《しんぱい》や苦《くる》しみが無《な》くて、心《こころ》が安《やす》らかなこと。例 安楽《あんらく》な老《ろう》後《ご》を送《おく》る。／祖父《そふ》のお気《き》に入《い》りの安楽《あんらく》いす。


【苦労《くろう》】

体《からだ》や心《こころ》を使《つか》って、つかれたり苦《くる》しんだりすること。骨折《ほねお》り。例 苦労《くろう》をおしまずに、努力《どりょく》をする。／若《わか》いときの苦《く》労《ろう》は買《か》ってでもせよ（＝若《わか》いときに苦労《くろう》した経験《けいけん》は将来《しょうらい》きっと役《やく》に立《た》つから、自分《じぶん》から進《すす》んでしなさい）。

異義《いぎ》↔同義《どうぎ》

【異義《いぎ》】

ちがった意味《いみ》。意味《いみ》がことなっていること。例 同音《どうおん》異義《いぎ》語《ご》を調《しら》べてみよう。


【同義《どうぎ》】

同《おな》じ意味《いみ》。意味《いみ》が同《おな》じであること。例「手紙《てがみ》」と「レター」は同義《どうぎ》のことばだ。／同義語《どうぎご》を辞書《じしょ》で調《しら》べる。

生《い》きる↔死《し》ぬ

【生《い》きる】
❶命《いのち》を保《たも》つ。また、生活《せいかつ》する。例 百才《ひゃくさい》まで生《い》きる。／希《き》望《ぼう》をもって生《い》きる。
❷役《やく》に立《た》つ。例 これまでの経験《けいけん》が生《い》きる。

【死《し》ぬ】
❶命《いのち》がなくなる。例 鳥《とり》が死《し》ぬ。／寿命《じゅみょう》で死《し》ぬ。
❷役《やく》に立《た》たない。例 今《いま》のままではせっかくの工夫《くふう》が死《し》ぬ。
参考「生《う》まれる」も「死《し》ぬ」の反対語《はんたいご》。

異国《いこく》↔本国《ほんごく》

【異国《いこく》】

よその国《くに》。外国《がいこく》。例 美《うつく》しい異国《いこく》の衣装《いしょう》を着《き》た人々《ひとびと》。／異《い》国《こく》の地《ち》をふむ。


【本国《ほんごく》】
❶その人《ひと》の生《う》まれた国《くに》。祖国《そこく》。母国《ぼこく》。
❷その人《ひと》の国《こく》せきがある国《くに》。例 不法入国《ふほうにゅうこく》した人《ひと》を、本国《ほんごく》に送《おく》り返《かえ》す。

遺失《いしつ》↔拾得《しゅうとく》

【遺失《いしつ》】

忘《わす》れたり、落《お》としたりしてなくすこと。例 遺失物《いしつぶつ》をさがしてください。参考「遺《い》」は、「置《お》き忘《わす》れる」の意味《いみ》。


【しゅう（◆拾《しゅう》）得《とく》】

落《お》とし物《もの》を拾《ひろ》うこと。例 拾得物《しゅうとくぶつ》を警察《けいさつ》に届《とど》けたら、おまわりさんにほめられた。

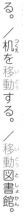

以上《いじょう》⇔以下《いか》

【以上《いじょう》】
❶それをふくめて、それより上《うえ》。例 小学生《しょうがくせい》以上《いじょう》を対象《たいしょう》とした読《よ》み物《もの》。／中学生《ちゅうがくせい》以上《いじょう》は通常料金《つうじょうりょうきん》になる。
❷それまで述《の》べてきたこと。例 以上《いじょう》の理由《りゆう》で反対《はんたい》だ。

【以下《いか》】
❶それをふくめて、それより下《した》。例 小学生《しょうがくせい》以下《いか》は入場無料《にゅうじょうむりょう》です。
❷それよりあと。例 以下《いか》の文《ぶん》は省略《しょうりゃく》します。／以下《いか》同文《どうぶん》。

異常《いじょう》⇔正常《せいじょう》

【異常《いじょう》】

ふつうとことなっていること。例 今年《ことし》の夏《なつ》の暑《あつ》さは異常《いじょう》気象《きしょう》によるものだ。／最近《さいきん》のかれの行動《こうどう》は異常《いじょう》だ。


【正常《せいじょう》】

変《か》わったところがなく、ふつうであること。またその状態《じょうたい》。例 この機械《きかい》は正常《せいじょう》に動《うご》いている。／列車《れっしゃ》が正常《せいじょう》ダイヤにもどる。

以前《いぜん》⇔以後《いご》

【以前《いぜん》】
❶その時《とき》よりまえ。例 八時《はちじ》以前《いぜん》なら、まだ家《いえ》におります。
❷そうなるまえ。例 ここは、以前《いぜん》は港町《みなとまち》としてにぎわっていた。

【以後《いご》】

その時《とき》よりあと。そののち。例 九時《くじ》以後《いご》ならお会《あ》いできます。

一定《いってい》⇔不定《ふてい》

【一定《いってい》】

一《ひと》つに決《き》まっていて、変《か》わらないこと。一《ひと》つに決《き》めること。例 毛糸《けいと》を一定《いってい》の長《なが》さに切《き》りそろえる。／一定《いってい》の時間《じかん》、加熱《かねつ》する。／ビニールハウス内《ない》の温度《おんど》が一定《いってい》していて、育《そだ》てやすい。


【不定《ふてい》】

一定《いってい》していないこと。決《き》まっていないこと。例 住所《じゅうしょ》不定《ふてい》。

移動《いどう》⇔固定《こてい》

【移動《いどう》】

場所《ばしょ》を変《か》わったり、変《か》えたりすること。例 バスで移動《いどう》する。／机《つくえ》を移動《いどう》する。／移動《いどう》図書館《としょかん》。参考 「異動《いどう》」は、役目《やくめ》や地位《ちい》などが変《か》わること。

【固定《こてい》】ある決《き》まった場所《ばしょ》から動《うご》かないこと。動《うご》かさないこと。例 テーブルを食堂《しょくどう》の中央《ちゅうおう》に固定《こてい》する。／ネジで固定《こてい》する。／固定電話《こていでんわ》。

コラム 「ときどき」「しばしば」「しじゅう」

①友《とも》だちに、ときどき会《あ》っている。
②友《とも》だちに、しばしば会《あ》っている。
③友《とも》だちに、しじゅう会《あ》っている。

右《みぎ》の文《ぶん》では、①から順《じゅん》に友《とも》だちに会《あ》う回数《かいすう》が多《おお》くなっていきますね。くり返《かえ》しの回数《かいすう》がどの程度《ていど》かを表《あらわ》すことばは、ほかにもたくさんあります。

①「ときどき」と同《おな》じ程度《ていど》
たまに・ときおり
②「しばしば」と同《おな》じ程度《ていど》
たびたび・ちょくちょく
③「しじゅう」と同《おな》じ程度《ていど》
いつも・たえず・つねに・ひっきりなしに

違法《いほう》↔合法《ごうほう》

【い(違▼《い》)法《ほう》】法律《ほうりつ》に反《はん》すること。例 違法《いほう》な取《と》り引《ひ》きを取《と》りしまる。
参考 「違《い》」は、そむくこと。

【合法《ごうほう》】法律《ほうりつ》や規則《きそく》のゆるされた範囲《はんい》にあること。例 合法的《ごうほうてき》な取《と》り調《しら》べ。／合法化《ごうほうか》を目指《めざ》し、審議《しんぎ》する。

陰気《いんき》↔陽気《ようき》

【いん(陰▼《いん》)気《き》】気持《きも》ちや天気《てんき》、雰囲気《ふんいき》などが晴《は》ればれしないこと。例 毎《まい》日雨《にちあめ》ばかり降《ふ》るので、陰気《いんき》な気持《きも》ちになる。

【陽気《ようき》】性格《せいかく》や気分《きぶん》がほがらかで、明《あか》るいようす。例 陽気《ようき》な性格《せいかく》の妹《いもうと》には、たくさんの友《とも》だちがいる。参考 「陽気《ようき》」には、「天候《てんこう》。時候《じこう》」の意味《いみ》もある。例 陽気《ようき》がいいので、ふとんを干《ほ》す。

飲酒《いんしゅ》↔禁酒《きんしゅ》

【飲酒《いんしゅ》】酒《さけ》を飲《の》むこと。例 飲酒運転《いんしゅうんてん》の取《と》りしまりを強化《きょうか》する。／飲酒《いんしゅ》の習慣《しゅうかん》がある。

【禁酒《きんしゅ》】

酒《さけ》を飲《の》むことをやめること。また酒《さけ》を飲《の》むことを禁止《きんし》すること。例 健康《けんこう》のために禁酒《きんしゅ》することを決《き》めた。／禁酒《きんしゅ》法《ほう》。参考「断酒《だんしゅ》」も酒《さけ》を飲《の》むことをやめること。

韻文《いんぶん》↔散文《さんぶん》

【いん（韻《いん》）文《ぶん》】

詩《し》のように、一定《いってい》のことばの調子《ちょうし》をもつ文章《ぶんしょう》。例 韻文《いんぶん》は声《こえ》に出《だ》して読《よ》んで、リズムを楽《たの》しもう。参考「韻《いん》」は、ひびきや調子《ちょうし》がまろやかに調和《ちょうわ》している音《おん》のこと。和歌《わか》や俳句《はいく》などにもいう。


【散文《さんぶん》】

ことばの数《かず》や調子《ちょうし》に決《き》まりのない、ふつうの文章《ぶんしょう》。例 近《きん》代《だい》になり、散文《さんぶん》で書《か》かれた詩《し》が流行《りゅうこう》した。

雨季《うき》↔乾季《かんき》

【雨季《うき》】

一年《いちねん》のうち、雨《あめ》の一番《いちばん》多《おお》い時期《じき》。例 雨季《うき》になるとジャングルの木々《きぎ》が生《お》いしげる。

【かん（乾《かん》）季《き》】
一年《いちねん》のうち、雨《あめ》が少《すく》ない時期《じき》。乾期《かんき》。例 この地域《ちいき》では乾《かん》季《き》には全《まった》く雨《あめ》が降《ふ》らない。

運動《うんどう》↔静止《せいし》

【運動《うんどう》】

ものが動《うご》くこと。例 ふりこの運動《うんどう》を止《と》める。参考「平和《へいわ》運動《うんどう》」の場合《ばあい》は、「ある目的《もくてき》のために行動《こうどう》すること」の意味《いみ》。また、頭《あたま》を働《はたら》かすことにもいう。例 このパズルは、頭《あたま》の運動《うんどう》になる。


【静止《せいし》】

じっとして動《うご》かないこと。例 逆立《さかだ》ちをしたままで静止《せいし》している。／転《ころ》がったボールが、やがて静止《せいし》する。

益虫《えきちゅう》↔害虫《がいちゅう》

【益虫《えきちゅう》】

人間《にんげん》の暮《く》らしに役立《やくだ》つ昆虫《こんちゅう》。例 ミツバチははちみつを作《つく》るのに役立《やくだ》つ益虫《えきちゅう》です。参考 害虫《がいちゅう》を食《た》べるトンボやカマキリ、絹《きぬ》をつくるカイコ、花粉《かふん》を運《はこ》ぶミツバチなど。


【害虫《がいちゅう》】

人間《にんげん》の暮《く》らしに害《がい》をおよぼす昆虫《こんちゅう》。例 農薬《のうやく》をまいて、害《がい》虫《ちゅう》を駆除《くじょ》する。参考 人間《にんげん》の血《ち》を吸《す》うカやダニ、農作物《のうさくぶつ》や食物《しょくもつ》を食《く》いあらすコクゾウムシやゴキブリなど。

延長《えんちょう》⇔短縮《たんしゅく》

【延長《えんちょう》】長《なが》さや時間《じかん》などをのばすこと。例 道路《どうろ》を山《やま》の中腹《ちゅうふく》まで延長《えんちょう》する。／会議《かいぎ》の時間《じかん》を二時間《にじかん》延長《えんちょう》する。

【短縮《たんしゅく》】長《なが》さや時間《じかん》などをちぢめること。例 みんなが協力《きょうりょく》して、作業時間《さぎょうじかん》を短縮《たんしゅく》する。／近道《ちかみち》を通《とお》って、歩《ある》くきょりを短縮《たんしゅく》する。

円満《えんまん》⇔不和《ふわ》

【円満《えんまん》】もめごとがなく、仲《なか》のよいようす。例 円満《えんまん》に話《はな》し合《あ》いを進《すす》める。／夫婦円満《ふうふえんまん》。／家庭円満《かていえんまん》。参考「人柄《ひとがら》がおだやかなこと」の意味《いみ》もある。例 円満《えんまん》な人柄《ひとがら》がみんなに好《す》かれる。

【不和《ふわ》】仲《なか》が悪《わる》いこと。例 意見《いけん》の対立《たいりつ》がもとで、友《とも》だちとの間《あいだ》が不和《ふわ》になる。

横断《おうだん》⇔縦断《じゅうだん》

【横断《おうだん》】横切《よこぎ》ること。例 道路《どうろ》を横断《おうだん》する。／西海岸《にしかいがん》から東海岸《ひがしかいがん》まで、オートバイで横断《おうだん》する。

【縦断《じゅうだん》】縦《たて》に通《とお》りぬけること。例 大型台風《おおがたたいふう》は日本列島《にほんれっとう》を縦断《じゅうだん》する予報《よほう》になっている。

応答《おうとう》⇔質疑《しつぎ》

【応答《おうとう》】問《と》いかけや呼《よ》びかけに答《こた》えること。受《う》け答《こた》え。例 何度《なんど》問《と》いかけても、応答《おうとう》がない。／応答《おうとう》せよ。

【質疑《しつぎ》】うたがわしいところを、人《ひと》に問《と》いただすこと。例 質疑応《しつぎおう》答《とう》の時間《じかん》に、自由《じゆう》に質問《しつもん》してください。

往復《おうふく》 ↔ 片道《かたみち》

【往復《おうふく》】❶行《い》って帰《かえ》ること。その道《みち》のり。例 遠《とお》いところへ旅行《りょこう》するときは、往復切《おうふくきっ》ぷを買《か》うと得《とく》だ。❷行《い》き帰《かえ》り。例 往復《おうふく》にかかる時間《じかん》を計算《けいさん》する。

【片道《かたみち》】行《い》きか帰《かえ》りのどちらか一方《いっぽう》。例 中学校《ちゅうがっこう》までは、片道三十《かたみちさんじっ》分《ぷん》ほどかかる。／片道切《かたみちきっ》ぷ。

往路《おうろ》 ↔ 復路《ふくろ》／帰路《きろ》

【往路《おうろ》】あるところへ行《い》くときの道《みち》。行《い》きの道《みち》。例 往路《おうろ》は飛行機《ひこうき》で、復路《ふくろ》は船《ふね》に乗《の》ろう。

【復路《ふくろ》】帰《かえ》りの道《みち》。例 駅伝《えきでん》の復路《ふくろ》は、往路《おうろ》とは別《べつ》のコースにした。

【帰路《きろ》】「復路《ふくろ》」と同《おな》じ。例 帰路《きろ》は寄《よ》り道《みち》せずにもどることにした。

穏健《おんけん》 ↔ 過激《かげき》

【おん（穏《おん》）健《けん》】考《かんが》え方《かた》や行動《こうどう》がおだやかで、行《い》き過《す》ぎがないようす。例 かれは穏健派《おんけんは》の弁護士《べんごし》だ。／穏健《おんけん》な人柄《ひとがら》でみなに好《す》かれる。

【過激《かげき》】考《かんが》え方《かた》や行動《こうどう》が、非常《ひじょう》にはげしいこと。また、そのようす。例 その政治家《せいじか》は、いつも過激《かげき》な発言《はつげん》で注目《ちゅうもく》される。／急《きゅう》に過激《かげき》な運動《うんどう》をすると、心臓《しんぞう》に悪《わる》い。

温暖《おんだん》 ↔ 寒冷《かんれい》

【温暖《おんだん》】気候《きこう》があたたかく、おだやかであること。例 温暖《おんだん》な気《き》候《こう》にめぐまれた土地《とち》。／地《ち》球温暖化《きゅうおんだんか》。

【寒冷《かんれい》】気候《きこう》がさむく、厳《きび》しいこと。例 寒冷《かんれい》な地域《ちいき》に住《す》む人々《ひとびと》にとって、冬《ふゆ》の暮《く》らしは厳《きび》しい。

音読《おんどく》 ↔ 黙読《もくどく》

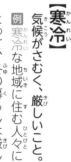

【音読《おんどく》】文章《ぶんしょう》などを声《こえ》に出《だ》して読《よ》むこと。例 音読《おんどく》をして、文章《ぶんしょう》のリズムを楽《たの》しむ。／教科書《きょうかしょ》を音読《おんどく》する。

【もく（黙《もく》）読《どく》】声《こえ》に出《だ》さずに、読《よ》むこと。例 まずは黙読《もくどく》して、それから音読《おんどく》してみよう。／図書館《としょかん》では声《こえ》を出《だ》さずに、黙読《もくどく》してください。

開演《かいえん》⇔終演《しゅうえん》

【開演《かいえん》】演劇《えんげき》やコンサートなどを始《はじ》めること。例 開演《かいえん》時間《じかん》は三時《さんじ》です。／コンサートが開演《かいえん》したあとは、おしゃべりをしてはいけません。参考 似《に》た意味《いみ》の「開幕《かいまく》」は、しばいなどが始《はじ》まること。

【終演《しゅうえん》】演劇《えんげき》やコンサートなどで、その日《ひ》の公演《こうえん》が終《お》わること。例 素晴《すば》らしい演奏《えんそう》だったので、終演《しゅうえん》後《ご》も拍手《はくしゅ》が鳴《な》りやまなかった。参考 似《に》た意味《いみ》の「閉幕《へいまく》」は、しばいなどが終《お》わること。

開会《かいかい》⇔閉会《へいかい》

【開会《かいかい》】会《かい》が始《はじ》まること。会《かい》を始《はじ》めること。例 開会《かいかい》は午前《ごぜん》九時《くじ》の予定《よてい》です。

【閉会《へいかい》】会《かい》が終《お》わること。会《かい》を終《お》えること。例 議長《ぎちょう》が閉会《へいかい》のことばを述《の》べる。

海外《かいがい》／国外《こくがい》⇔国内《こくない》

【海外《かいがい》】海《うみ》の向《む》こうの国《くに》。自分《じぶん》の国《くに》以外《いがい》のこと。外国《がいこく》。例 大型《おおがた》連休《れんきゅう》に海外《かいがい》に旅行《りょこう》する。／海外《かいがい》のサッカーチームで、多《おお》くの日本人《にほんじん》選手《せんしゅ》が活躍《かつやく》している。

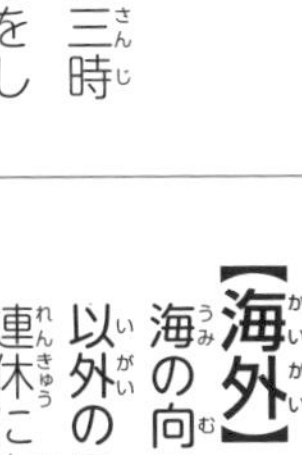

【国外《こくがい》】その国《くに》の外《そと》。例 ニュースの反響《はんきょう》が国外《こくがい》にも広《ひろ》がる。

【国内《こくない》】その国《くに》の中《なか》。例 国内《こくない》で生産《せいさん》された肉《にく》を食《た》べる。／この電話《でんわ》は国内《こくない》のどこでも使《つか》えます。参考「国内《こくない》⇔国外《こくがい》」は、国《くに》の内《うち》か外《そと》かに注目《ちゅうもく》した言《い》い方《かた》。「国外追放《こくがいついほう》」はあっても、

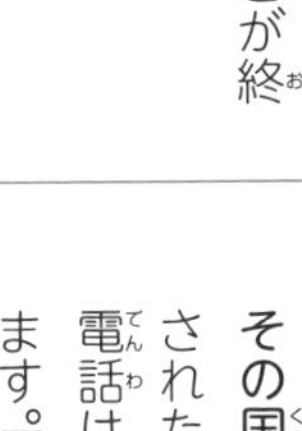

「海外追放《かいがいついほう》」のようには言《い》わない。一方《いっぽう》、「国内《こくない》⇕海外《かいがい》」は、その国《くに》か世界《せかい》かに注目《ちゅうもく》した言《い》い方《かた》。「海外旅行《かいがいりょこう》」とはいうが、「国外旅行《こくがいりょこう》」のようには言《い》わない。

外角《がいかく》⇔内角《ないかく》

【外角《がいかく》】
❶三角形《さんかくけい》や四角形《しかくけい》の一辺《いっぺん》をのばした線《せん》と、それにとなり合《あ》う一辺《いっぺん》との間《あいだ》にできる角《かく》。例 外角《がいかく》の角度《かくど》を測《はか》る。
❷野球《やきゅう》で、ホームベースのバッターから遠《とお》いほうの角《かど》。アウトコーナー。例 そのバッターは外角《がいかく》のボールを打《う》つのが得意《とくい》だ。

【内角《ないかく》】
❶多角形《たかくけい》のとなり合《あ》う二辺《にへん》の間《あいだ》にはさまれてできる角《かく》。例 三角形《さんかくけい》の内角《ないかく》の和《わ》は一八〇《180》度《ど》である。
❷野球《やきゅう》で、ホームベースのバッターから近《ちか》いほうの角《かど》。インコーナー。例 内角《ないかく》をせめられて、全《まった》く打《う》てない。

外交《がいこう》⇔内政《ないせい》

【外交《がいこう》】

外国《がいこく》とのつきあい。国《くに》と国《くに》との間《あいだ》の関係《かんけい》。例 将来《しょうらい》は外交《がいこう》にたずさわる仕事《しごと》をしたい。

参考 ほかに、「会社《かいしゃ》や商店《しょうてん》、銀行《ぎんこう》などで、外《そと》に出《で》て仕事《しごと》の取《と》り引《ひ》きをしたり、商品《しょうひん》の宣伝《せんでん》を行《おこな》う」という意味《いみ》がある。例 母《はは》は保険《ほけん》の外交員《がいこういん》をしている。

【内政《ないせい》】

国内《こくない》の政治《せいじ》。例 よその国《くに》の内政《ないせい》に干渉《かんしょう》してはいけない。／まずは内政《ないせい》の改革《かいかく》をする必要《ひつよう》がある。

外向《がいこう》⇔内向《ないこう》

【外向《がいこう》】

興味《きょうみ》や関心《かんしん》が外《そと》に向《む》かうこと。心《こころ》の働《はたら》きを、積極的《せっきょくてき》に外《そと》にあらわすこと。例 弟《おとうと》は外向的《がいこうてき》な性格《せいかく》で、だれとでも友《とも》だちになる。


【内向《ないこう》】

心《こころ》の働《はたら》きや、気持《きも》ちが、自分《じぶん》の内側《うちがわ》に向《む》かうこと。内気《うちき》。例 兄《あに》は内向的《ないこうてき》な性格《せいかく》で、もの静《しず》かな人《ひと》だ。

開始《かいし》⇔終了《しゅうりょう》

【開始《かいし》】

ものごとが始《はじ》まること。始《はじ》めること。例 集《あつ》まった人《ひと》たち

が、ボランティア活動《かつどう》を開始《かいし》する。／試合《しあい》の開始《かいし》時刻《じこく》が
せまる。

【終《しゅう》りょう（▼了《りょう》）】
ものごとが終《お》わること。終《お》えること。例 本日《ほんじつ》の業務《ぎょうむ》は終《しゅう》
了《りょう》しました。／会議《かいぎ》は、予定《よてい》どおり終了《しゅうりょう》した。

外出《がいしゅつ》 ⇔ 在宅《ざいたく》

【外出《がいしゅつ》】
家《いえ》などから外《そと》に出《で》かけること。例 外出《がいしゅつ》するときは、戸《と》じ
まりを確認《かくにん》しよう。／外出先《がいしゅつさき》で、先生《せんせい》にばったり会《あ》った。

【在宅《ざいたく》】
自分《じぶん》の家《いえ》にいること。例 父《ちち》は在宅《ざいたく》で仕事《しごと》をしている。／
明日《あす》はご在宅《ざいたく》ですか。

外地《がいち》 ⇔ 内地《ないち》

【外地《がいち》】
❶自分《じぶん》の国《くに》から見《み》て外国《がいこく》の土地《とち》。例 外地《がいち》勤務《きんむ》が長《なが》い。
❷植民地《しょくみんち》など、自国《じこく》以外《いがい》の国《くに》にある領地《りょうち》。例 祖父《そふ》は第二《だいに》
次世界大戦中《じせかいたいせんちゅう》、外地《がいち》で生《う》まれた。

【内地《ないち》】
植民地《しょくみんち》に対《たい》して、その国《くに》の本土《ほんど》。例 船《ふね》は、内地《ないち》にもどる
人々《ひとびと》であふれていた。

害鳥《がいちょう》 ⇔ 益鳥《えきちょう》

【害鳥《がいちょう》】
農作物《のうさくぶつ》をあらしたりして、人間《にんげん》の活動《かつどう》に害《がい》をあたえる鳥《とり》。
例 害鳥《がいちょう》をく除《じょ》するために、スピーカーで大音量《だいおんりょう》を流《なが》す。

【益鳥《えきちょう》】
害虫《がいちゅう》を食《た》べたりして、人間《にんげん》の活動《かつどう》に役立《やくだ》つ鳥《とり》。例 ツバメ
は虫《むし》から作物《さくもつ》を守《まも》る益鳥《えきちょう》として知《し》られている。

開通《かいつう》 ⇔ 不通《ふつう》

【開通《かいつう》】
道路《どうろ》や鉄道《てつどう》、電話《でんわ》などが、通《つう》じること。例 北陸新幹線《ほくりくしんかんせん》が、
敦賀《つるが》まで開通《かいつう》した。／新《あたら》しく開通《かいつう》したトンネル。

【不通《ふつう》】
事故《じこ》などが原因《げんいん》で、交通《こうつう》や電話《でんわ》などが通《つう》じなくなること。
例 台風《たいふう》のため不通《ふつう》となっていた列車《れっしゃ》が、ようやく運転《うんてん》を
再開《さいかい》した。／電話《でんわ》が不通《ふつう》になる。参考 ほかに、「便《たよ》りが
ないこと」の意味《いみ》がある。例 アメリカに行《い》った友《とも》だちと
は音信不通《おんしんふつう》（＝手紙《てがみ》や連絡《れんらく》がないこと）だが、うわさで
は元気《げんき》にがんばっているらしい。

解答《かいとう》⇔出題《しゅつだい》

【解答《かいとう》】問題《もんだい》をといて答《こた》えること。また、その答《こた》え。例 解答《かいとう》するときは、途中《とちゅう》の式《しき》も書《か》くこと。／解答用紙《かいとうようし》に名前《なまえ》を書《か》く。

【出題《しゅつだい》】問題《もんだい》を出《だ》すこと。例 国語《こくご》の試験《しけん》で、ことわざが出題《しゅつだい》された。／出題者《しゅつだいしゃ》の意図《いと》をくむ。

解放《かいほう》⇔束縛《そくばく》／拘束《こうそく》

【解放《かいほう》】体《からだ》や心《こころ》の制限《せいげん》を取《と》り除《のぞ》いて、自由《じゆう》にすること。例 人質《ひとじち》が解放《かいほう》された。／山《やま》に登《のぼ》ると解放《かいほう》された気分《きぶん》になる。

【束《そく》ばく（縛《ばく》）】条件《じょうけん》や罰《ばつ》などをもうけて、人《ひと》の自由《じゆう》をうばうこと。例 相《あい》手《て》を束縛《そくばく》せず、自由《じゆう》をあたえよう。

【こう（拘《こう》）束《そく》】規則《きそく》や権力《けんりょく》によって制限《せいげん》を加《くわ》えて、自由《じゆう》をうばうこと。例 犯人《はんにん》の身《み》がらを拘束《こうそく》する。

加害《かがい》⇔被害《ひがい》

【加害《かがい》】ほかの人《ひと》に、危害《きがい》や損害《そんがい》をくわえること。例 加害者《かがいしゃ》が被《ひ》害者《がいしゃ》に謝罪《しゃざい》する。／デマをうっかり拡散《かくさん》して、加害者《かがいしゃ》となってしまった。

【ひ（被《ひ》）害《がい》】危害《きがい》や損害《そんがい》をうけること。例 山火事《やまかじ》の被害《ひがい》はとても深刻《しんこく》だ。／被害《ひがい》をうけた人《ひと》の心《こころ》のケアが重要《じゅうよう》である。

拡大《かくだい》⇔縮小《しゅくしょう》

【拡大《かくだい》】広《ひろ》げて大《おお》きくすること。例 写真《しゃしん》を拡大《かくだい》する。／工場《こうじょう》のしき地《ち》を拡大《かくだい》する。参考 「拡《かく》」は、「ひろげる」という意味《いみ》。

【縮小《しゅくしょう》】ちぢめて小《ちい》さくすること。例 店《みせ》の売《う》り場《ば》面積《めんせき》を縮小《しゅくしょう》する。／はじめの計画《けいかく》を縮《しゅく》小《しょう》することにした。参考 「縮《しゅく》」は、「ちぢめる」という意味《いみ》。「縮少《しゅくしょう》」と書《か》かないこと。

可決《かけつ》⇔否決《ひけつ》

【可決《かけつ》】 会議《かいぎ》で、ある議案《ぎあん》を議案《ぎあん》をよいと認《みと》めると決《き》めること。例 投票《とうひょう》の結果《けっか》、新《あたら》しい提案《ていあん》が賛成多数《さんせいたすう》で可決《かけつ》された。

【否決《ひけつ》】 会議《かいぎ》で、ある議案《ぎあん》を認《みと》めないと決《き》めること。例 その法案《ほうあん》は、わずかな差《さ》で否決《ひけつ》された。参考 「可否《かひ》」は、「よしあし」のこと。

過去《かこ》⇔未来《みらい》

【過去《かこ》】 すぎさった時《とき》。昔《むかし》。例 過去《かこ》をふり返《かえ》る。／過去《かこ》の思《おも》い出《で》にひたる。参考 「現在《げんざい》」を中心《ちゅうしん》に昔《むかし》が「過去《かこ》」、これからが「未来《みらい》」。今《いま》と昔《むかし》を比《くら》べると、「過去《かこ》」の反対語《はんたいご》は「現在《げんざい》」。

【未来《みらい》】 これから先《さき》の時《とき》。将来《しょうらい》。例 未来《みらい》の夢《ゆめ》を語《かた》り合《あ》う。／未来《みらい》都市《とし》をえがいた物語《ものがたり》を読《よ》む。参考 今《いま》とこれから先《さき》を比《くら》べると、「未来《みらい》」の反対語《はんたいご》は「現在《げんざい》」。

過失《かしつ》⇔故意《こい》

【過失《かしつ》】 わざとではなく、不注意《ふちゅうい》によって起《お》きるあやまち。しくじり。例 事故《じこ》の原因《げんいん》は、運転手《うんてんしゅ》の過失《かしつ》だった。／自分《じぶん》の過失《かしつ》をすなおに認《みと》める。

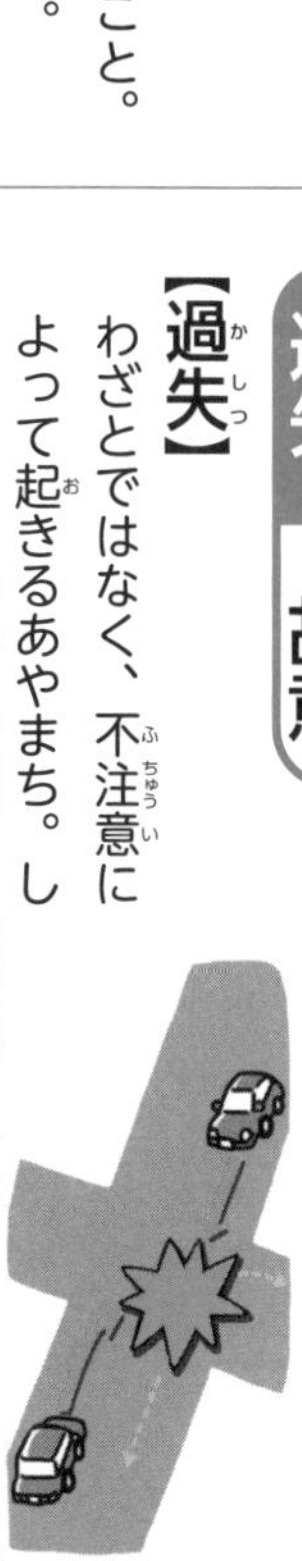

【故意《こい》】 わざとすること。例 集会《しゅうかい》で故意《こい》にさわぎたてる。／故意《こい》のファウルとみなされる。参考 「よくないことをわざとする」という意味《いみ》で使《つか》うことが多《おお》い。

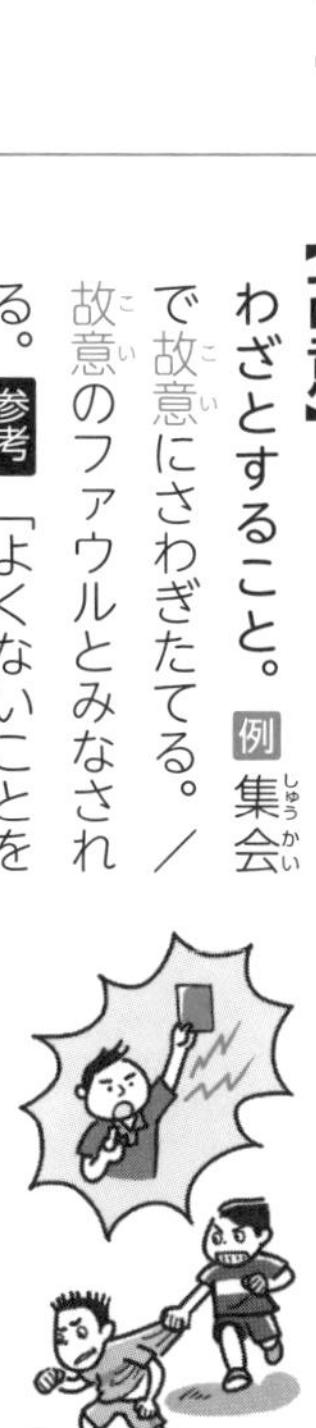

過小《かしょう》⇔過大《かだい》

【過小《かしょう》】 あまりに小《ちい》さいようす。小《ちい》さすぎるようす。例 才能《さいのう》が過《か》小《しょう》に評価《ひょうか》される。

【過大《かだい》】 あまりに大《おお》きいようす。大《おお》きすぎるようす。例 子《こ》どもに過大《かだい》な期待《きたい》をかける。／過大評価《かだいひょうか》（＝実際以上《じっさいいじょう》の評価《ひょうか》をあたえること）。

過少《かしょう》⇔過多《かた》

【過少《かしょう》】あまりに少《すく》ないようす。少《すく》なすぎるようす。例 収入《しゅうにゅう》を過少《かしょう》に申告《しんこく》するのは、法律《ほうりつ》に反《はん》する。

【過多《かた》】あまりに多《おお》いようす。多《おお》すぎるようす。例 人口《じんこう》過多《かた》の都市《とし》。／あまいものを過多《かた》にとってはいけない。

合唱《がっしょう》⇔独唱《どくしょう》

【合唱《がっしょう》】大勢《おおぜい》の人《ひと》が、二《ふた》つ以上《いじょう》の組《くみ》に分《わ》かれて、ちがう節《ふし》を歌《うた》い合《あ》わせること。コーラス。例 毎日《まいにち》、合唱《がっしょう》の練習《れんしゅう》をする。／合唱部《がっしょうぶ》に入《はい》る。

【独唱《どくしょう》】（音楽会《おんがくかい》などで）一人《ひとり》で歌《うた》うこと。例 父《ちち》が独唱会《どくしょうかい》を開《ひら》く。／歌手《かしゅ》が独唱《どくしょう》する。

加入《かにゅう》⇔脱退《だったい》

【加入《かにゅう》】団体《だんたい》や組織《そしき》に入《はい》ること。例 生命保険《せいめいほけん》に加入《かにゅう》する。

【だっ（脱《だっ》）退《たい》】入《はい》っている団体《だんたい》や組織《そしき》からぬけること。例 組合《くみあい》から脱退《だったい》する。／バンドから脱退《だったい》する。

元金《がんきん》⇔利子《りし》

【元金《がんきん》】預金《よきん》や貸《か》し借《か》りをするときの元《もと》のお金《かね》。例 元金《がんきん》十万円《じゅうまんえん》に利子《りし》二《に》パーセントを加《くわ》えると、貯金《ちょきん》はいくらになるでしょうか。参考「元金《がんきん》」には、「商売《しょうばい》をするときの資本《しほん》金《きん》。もとで」の意味《いみ》もある。

【利子《りし》】貸《か》したり預《あず》けたりしたお金《かね》に対《たい》して、一定《いってい》の割合《わりあい》でしはらわれるお金《かね》。利息《りそく》。例 景気《けいき》が悪《わる》いので、預金《よきん》しても利子《りし》があまりつかない。／通帳《つうちょう》で、利子《りし》を確認《かくにん》する。参考 お金《かね》を貸《か》した人《ひと》が受《う》け取《と》るお礼《れい》が「利息《りそく》」。銀行《ぎんこう》にお金《かね》を預《あず》け、そのお礼《れい》として銀行《ぎんこう》から受《う》け取《と》るのは「利子《りし》」のように使《つか》い分《わ》けることもある。今《いま》は、区別《くべつ》があいまいになっている。

完結《かんけつ》⇔未完《みかん》

【完結《かんけつ》】

続《つづ》いていたものごとがすっかり終《お》わること。例 雑誌《ざっし》の連《れん》さい小説《しょうせつ》が完結《かんけつ》する。


【未完《みかん》】

まだ完全《かんぜん》には終《お》わっていないこと。できあがっていないこと。例 未完《みかん》の曲《きょく》。／その選手《せんしゅ》は未完《みかん》の大器《たいき》（＝今《いま》はまだ足《た》りないところもあるが、将来《しょうらい》は必《かなら》ず成功《せいこう》する器量《きりょう》を持《も》つ人物《じんぶつ》）と言《い》われたまま、引退《いんたい》した。

感情《かんじょう》⇔理性《りせい》

【感情《かんじょう》】

うれしい・悲《かな》しい・楽《たの》しい・つまらないなどと感《かん》じる心《こころ》の働《はたら》き。例 感情《かんじょう》が顔《かお》にあらわれる。／感情《かんじょう》をおさえる。／感情的《かんじょうてき》にならず、冷静《れいせい》に考《かんが》えよう。


【理性《りせい》】

ものごとを筋道《すじみち》だてて正《ただ》しく判断《はんだん》する頭《あたま》の働《はたら》き。例 理性《りせい》を失《うしな》わないように落《お》ち着《つ》いて行動《こうどう》する。／理性的《りせいてき》にふるまう。／人間《にんげん》は理性《りせい》の動物《どうぶつ》だ。

幹線《かんせん》⇔支線《しせん》

【幹線《かんせん》】

鉄道《てつどう》・道路《どうろ》・電話《でんわ》などで、おもな道筋《みちすじ》となる線《せん》。例 幹線《かんせん》道路《どうろ》は、いつもじゅうたいしている。


【支線《しせん》】

鉄道《てつどう》や道路《どうろ》などで、本線《ほんせん》から分《わ》かれている線《せん》。例 鉄道《てつどう》の支線《しせん》に乗《の》りかえる。

簡単《かんたん》／単純《たんじゅん》⇔複雑《ふくざつ》

【簡単《かんたん》】

こみ入《い》ってなくて、わかりやすいこと。たやすく手軽《てがる》なようす。例 新《あたら》しい機械《きかい》は使《つか》い方《かた》が簡単《かんたん》だ。／最初《さいしょ》に、簡《かん》単《たん》な問題《もんだい》を解《と》く。


【単純《たんじゅん》】

しくみが簡単《かんたん》なこと。入《い》り組《く》んでいないこと。例 単純《たんじゅん》な計算《けいさん》まちがいをしてしまった。／この人形《にんぎょう》が動《うご》くしくみは単純《たんじゅん》だ。


【複雑《ふくざつ》】

いろいろな事柄《ことがら》がこみ入《い》っていること。例 人間関係《にんげんかんけい》が複《ふく》雑《ざつ》だ。／複雑《ふくざつ》な手続《てつづ》きが必要《ひつよう》である。／事件《じけん》の裏《うら》には複《ふく》雑《ざつ》な事情《じじょう》がからんでいる。

干潮《かんちょう》↔満潮《まんちょう》

【干潮《かんちょう》】潮《しお》が引《ひ》いて、海面《かいめん》の高《たか》さが一番低《いちばんひく》くなること。ひきしお。例 干潮《かんちょう》で、しおだまりに魚《さかな》が取《と》り残《のこ》されている。

【満潮《まんちょう》】潮《しお》が満《み》ちて、海面《かいめん》の高《たか》さが一番高《いちばんたか》くなること。みちしお。例 一日《いちにち》に二回《にかい》、満潮《まんちょう》と干潮《かんちょう》をくりかえす。／満潮《まんちょう》のときには、水位《すいい》が高《たか》くなるので注意《ちゅうい》が必要《ひつよう》だ。

巻頭《かんとう》↔巻末《かんまつ》

【巻頭《かんとう》】本《ほん》や巻物《まきもの》の、最初《さいしょ》のところ。例 巻頭《かんとう》の特集記事《とくしゅうきじ》に注目《ちゅうもく》する。／巻頭《かんとう》にカラーページがある。

【巻末《かんまつ》】本《ほん》や巻物《まきもの》の、最後《さいご》のところ。例 巻末《かんまつ》に作者《さくしゃ》や出版社《しゅっぱんしゃ》などの名前《なまえ》が書《か》かれている。

寒流《かんりゅう》↔暖流《だんりゅう》

【寒流《かんりゅう》】南極《なんきょく》や北極《ほっきょく》から赤道付近《せきどうふきん》に向《む》かって流《なが》れる、冷《つめ》たい海流《かいりゅう》。例 寒流《かんりゅう》にもまれて身《み》がしまった魚《さかな》。

【暖流《だんりゅう》】赤道付近《せきどうふきん》から温帯《おんたい》・寒帯《かんたい》に向《む》かって流《なが》れる、あたたかい海流《かいりゅう》。例 寒流《かんりゅう》と暖流《だんりゅう》のぶつかるところには、多《おお》くの魚《さかな》が集《あつ》まる。

帰港《きこう》↔出港《しゅっこう》

【帰港《きこう》】航海《こうかい》に出《で》ていた船《ふね》が、出発《しゅっぱつ》した港《みなと》にもどること。例 一年《いちねん》ぶりに、客船《きゃくせん》が帰港《きこう》した。

【出港《しゅっこう》】船《ふね》が、港《みなと》を出《で》ること。例 出港《しゅっこう》する船《ふね》を見送《みおく》る。

起点《きてん》↔終点《しゅうてん》

【起点《きてん》】ものごとの始《はじ》まるところ。出発点《しゅっぱつてん》。例 この町《まち》は、昔《むかし》の街道《かいどう》の起点《きてん》だった。／学校《がっこう》を起点《きてん》に、家《いえ》までのきょりを測《はか》る。

る。

【終点《しゅうてん》】ものごとの終《お》わるところ。電車《でんしゃ》やバスなどが行《い》きつく最《さい》後《ご》の場所《ばしょ》。例 遊歩道《ゆうほどう》の終点《しゅうてん》まで歩《ある》く。／列車《れっしゃ》に乗《の》って、終点《しゅうてん》まで行《い》く。

希望《きぼう》⇔失望《しつぼう》／絶望《ぜつぼう》

【希望《きぼう》】あることが実現《じつげん》することを願《ねが》いのぞむこと。また、そののぞみ。例 希望《きぼう》の大学《だいがく》に合格《ごうかく》する。／希望的観測《きぼうてきかんそく》。

【失望《しつぼう》】のぞみを失《うしな》うこと。あてがはずれて、がっかりすること。例 期待《きたい》した料理《りょうり》とちがって、失望《しつぼう》した。／君《きみ》には、大《おお》いに失望《しつぼう》したよ。

【絶望《ぜつぼう》】のぞみをまったく失《うしな》うこと。のぞみがたえること。例 思《おも》わぬ裏切《うらぎ》りにあい、絶望《ぜつぼう》した。／逆転《ぎゃくてん》されて、優勝《ゆうしょう》は絶望的《ぜつぼうてき》となった。／入賞《にゅうしょう》の可能性《かのうせい》は絶望視《ぜつぼうし》されている。

客観《きゃっかん》⇔主観《しゅかん》

【客観《きゃっかん》】ものごとを自分《じぶん》の考《かんが》えや気持《きも》ちにとらわれず、ありのままに見《み》ること。例 客観的《きゃっかんてき》な判断《はんだん》にしたがって行動《こうどう》する。／思《おも》いこみを捨《す》てて、客観的《きゃっかんてき》に考《かんが》えてみる。

【主観《しゅかん》】ものごとに対《たい》する自分《じぶん》の考《かんが》えや感《かん》じ方《かた》。また、ものごとを自分《じぶん》の考《かんが》えや感《かん》じ方《かた》のままにとらえるようす。例 あなたの発言《はつげん》は、主観《しゅかん》にかたよりすぎている。／主観《しゅかん》をまじえずに話《はな》すようにする。／好《す》ききらいに左右《さゆう》された、主《しゅ》観的《かんてき》な意見《いけん》。

参考 「主観《しゅかん》」のほかに「主体《しゅたい》」という言《い》い方《かた》もある。どちらも、人《ひと》がものごとに対《たい》するときの「人《ひと》」の側《がわ》をあらわしていることば。「主観的《しゅかんてき》」は、「個人《こじん》の生《なま》の感情《かんじょう》や、特殊《とくしゅ》な見方《みかた》にとらわれていること」をあらわしているのに対《たい》し、「主体的《しゅたいてき》」は、「自分《じぶん》のこととして、自分《じぶん》の意志《いし》や判断《はんだん》に沿《そ》って行動《こうどう》すること」をあらわすのに用《もち》いられる。例 かれは、主観的《しゅかんてき》な感想《かんそう》を述《の》べているだけだ。／学《がっ》校《こう》の美化《びか》に、主体的《しゅたいてき》に取《と》り組《く》む。

▽「客観的《きゃっかんてき》・客体的《きゃくたいてき》」は、個人的《こじんてき》な見方《みかた》や意志《いし》などを切《き》りはなして、「ものごとをありのままにとらえること」をあらわす。ふつうは「客観的《きゃっかんてき》」を用《もち》いることが多《おお》い。

逆境《ぎゃっきょう》⇔順境《じゅんきょう》

【逆境《ぎゃっきょう》】思《おも》うようにならない、苦労《くろう》の多《おお》い身《み》の上《うえ》。不運《ふうん》な身《み》の上《うえ》。例 逆境《ぎゃっきょう》にもめげず、苦《く》学《がく》して出世《しゅっせ》した。／逆境《ぎゃっきょう》に強《つよ》い選手《せんしゅ》なので、きっと立《た》ち直《なお》るだろう。

【順境《じゅんきょう》】ものごとが都合《つごう》よく運《はこ》ぶような、幸《しあわ》せな身《み》の上《うえ》。例 お姫様《ひめさま》は順境《じゅんきょう》のうちに育《そだ》った。

急性《きゅうせい》⇔慢性《まんせい》

【急性《きゅうせい》】病気《びょうき》が急《きゅう》に起《お》こって、はげしく進行《しんこう》すること。例 急性《きゅうせい》肺《はい》炎《えん》で、病院《びょういん》に運《はこ》ばれた。

【まん（▼慢《まん》）性《せい》】急《きゅう》には悪《わる》くならないが、なかなか治《なお》りにくい病気《びょうき》の性質《せいしつ》。例 慢性《まんせい》の鼻炎《びえん》。／慢性《まんせい》の病気《びょうき》は、気長《きなが》に治療《ちりょう》をしなければならない。

供給《きょうきゅう》⇔需要《じゅよう》

【供給《きょうきゅう》】必要《ひつよう》なものをあたえること。また、売《う》るための品物《しなもの》を市《し》場《じょう》に出《だ》すこと。例 台風《たいふう》による被害《ひがい》で、農作物《のうさくぶつ》の供給《きょうきゅう》が少《すく》なくなる。

【じゅ（▼需《じゅ》）要《よう》】必要《ひつよう》とすること。また、特《とく》に買《か》い手《て》が、品物《しなもの》を必要《ひつよう》とすること。例 若者《わかもの》たちの間《あいだ》で、新型《しんがた》ゲーム機《き》の需要《じゅよう》が高《たか》まる。／商品《しょうひん》の需要《じゅよう》がのびる。

共通語《きょうつうご》／標準語《ひょうじゅんご》⇔方言《ほうげん》

【共通語《きょうつうご》】❶世界《せかい》じゅうで通用《つうよう》することば。例 英語《えいご》は世界《せかい》の共通語《きょうつうご》になりつつある。／「MOTTAINAI（もったいない）」はすでに世界《せかい》の共通語《きょうつうご》です。❷一《ひと》つの国《くに》の中《なか》で、どこに行《い》っても通《つう》じることば。例 インドには多《おお》くの言語《げんご》があるが、ヒンディー語《ご》と英語《えいご》が共《きょう》通語《つうご》となっている。

【標準語《ひょうじゅんご》】その国《くに》で最《もっと》も標準《ひょうじゅん》とされ、かつ理想《りそう》とされることば。例 アナウンサーが標準語《ひょうじゅんご》でニュースを読《よ》む。参考 「共通《きょうつう》

語」と同《おな》じ意味《いみ》で使《つか》われることが多《おお》いが、「標準語《ひょうじゅんご》」は、教育《きょういく》のための理想型《りそうけい》としてつくられた、人工的《じんこうてき》なことばの意味合《いみあ》いをもっている。

【方言《ほうげん》】 **ある地方《ちほう》でのみ使《つか》われていることば。お国《くに》ことば。** 例 さまざまな地方《ちほう》の方言《ほうげん》を調《しら》べる。／祖母《そぼ》の話《はな》す方言《ほうげん》を聞《き》くと、なつかしい気持《きも》ちになる。

共同《きょうどう》⇔単独《たんどく》

【共同《きょうどう》】 **二人《ふたり》以上《いじょう》が、一《ひと》つのことにかかわること。** 例 父《ちち》が友人《ゆうじん》と共同《きょうどう》で店《みせ》を開《ひら》く。 参考 同音《どうおん》の「協同《きょうどう》」は、助《たす》け合《あ》ってすること。

【単独《たんどく》】 **一人《ひとり》であること。ただ一《ひと》つであること。** 例 単独《たんどく》で行動《こうどう》する。／さしせまった問題《もんだい》だけを単独《たんどく》で取《と》り上《あ》げる。

共有《きょうゆう》⇔専有《せんゆう》

【共有《きょうゆう》】 **一《ひと》つの物《もの》を、二人《ふたり》以上《いじょう》で共同《きょうどう》で持《も》つこと。** 例 教室《きょうしつ》に共有《きょうゆう》のコンピューターが三台《さんだい》ある。

【専有《せんゆう》】 **ひとりじめにすること。** 例 インターネットの回線《かいせん》を専有《せんゆう》する。／この庭園《ていえん》は王室《おうしつ》が専有《せんゆう》していたが、今《いま》では一般《いっぱん》に公開《こうかい》されている。／マンションの専有面積《せんゆうめんせき》（＝自分《じぶん》が住《す》む部分《ぶぶん》の広《ひろ》さ）が、いちばん広《ひろ》い物件《ぶっけん》。

許可《きょか》⇔禁止《きんし》

【許可《きょか》】 **願《ねが》いごとを聞《き》き入《い》れること。ゆるすこと。** 例 入会《にゅうかい》の許可《きょか》が下《お》りる。／他校《たこう》との交流試合《こうりゅうじあい》への参加《さんか》を許可《きょか》する。／さつえい許可《きょか》を得《え》る。

【禁止《きんし》】 **してはいけないと、とめること。ゆるさないこと。** 例 屋上《おくじょう》での遊《あそ》びが禁止《きんし》になる。／工場内《こうじょうない》への立《た》ち入《い》りを禁止《きんし》する。／遊泳禁止区域《ゆうえいきんしくいき》で泳《およ》いではいけない。

近海《きんかい》⇔遠洋《えんよう》

【近海《きんかい》】

陸地《りくち》に近《ちか》い海《うみ》。例 近海《きんかい》でとれた魚《さかな》を食《た》べる。／近海《きんかい》で漁《ぎょ》業《ぎょう》を行《おこな》う。参考「遠海《えんかい》」も「近海《きんかい》」の反対語《はんたいご》。

【遠洋《えんよう》】陸地《りくち》から遠《とお》くはなれた大《おお》きな海《うみ》。例 遠洋《えんよう》で漁《りょう》をする。／船《ふね》で遠洋《えんよう》へ乗《の》り出《だ》す。参考「遠洋漁業《えんようぎょぎょう》」に対《たい》しては「沿《えん》岸漁業《がんぎょぎょう》」ともいう。

近視《きんし》↔遠視《えんし》

【近視《きんし》】遠《とお》くのものがよく見《み》えないこと。またその目《め》。例 テレビを近《ちか》くで見《み》ると、近視《きんし》になりますよ。

【遠視《えんし》】遠《とお》くのものはよく見《み》えるが、近《ちか》くのものがよく見《み》えないこと。またその目《め》。例 父《ちち》が遠視《えんし》用《よう》の眼鏡《めがね》をつくった。

偶然《ぐうぜん》↔必然《ひつぜん》

【偶然《ぐうぜん》】思《おも》いがけないこと。予期《よき》しないことが起《お》こるさま。例 旅《りょ》行先《こうさき》で友人《ゆうじん》と偶然《ぐうぜん》、会《あ》った。／その科学上《かがくじょう》の新発見《しんはっけん》は、偶然《ぐうぜん》のことだった。

【必然《ひつぜん》】必《かなら》ずそうなると決《き》まっていること。例 毎日《まいにち》の練習量《れんしゅうりょう》を考《かんが》えれば、この勝利《しょうり》は必然《ひつぜん》の結果《けっか》だ。

空腹《くうふく》↔満腹《まんぷく》

【空腹《くうふく》】はらがすいていること。例 空腹《くうふく》だったので、ごはんを三《さん》ばいもお代《か》わりした。／空腹《くうふく》で目《め》が回《まわ》りそうだ。

【満腹《まんぷく》】十分《じゅうぶん》食《た》べて、はらがいっぱいであること。例 満腹《まんぷく》で、これ以上《いじょう》食《た》べられない。／満腹《まんぷく》になる前《まえ》に食《た》べるのをやめておく。

具体《ぐたい》↔抽象《ちゅうしょう》

【具体《ぐたい》】考《かんが》えのうえだけでなく、目《め》に見《み》えるはっきりとした形《かたち》をそなえていること。例 具体案《ぐたいあん》を示《しめ》してください。／具《ぐ》体的《たいてき》に説明《せつめい》する。／計画《けいかく》が具体化《ぐたいか》する。参考「具象《ぐしょう》」も「具体《ぐたい》」と同《おな》じ意味《いみ》で、「抽象《ちゅうしょう》」の反対語《はんたいご》。

【ちゅう（抽《ちゅう》）象《しょう》】実際《じっさい》の事柄《ことがら》からはなれていて、意味《いみ》がはっきりしないようす。例 話《はなし》が抽象的《ちゅうしょうてき》でわかりにくい。／抽象絵画《ちゅうしょうかいが》。参考「わたしはからいものが苦手《にがて》です。」が、抽象的《ちゅうしょうてき》な表現《ひょうげん》であるとすると、「例《たと》えば、わさびやキムチは食《た》べられません。」は具体的《ぐたいてき》な例《れい》を挙《あ》げたことになる。「手始《てはじ》めに、漢字《かんじ》ドリルと読書《どくしょ》を毎朝《まいあさ》することにしよう。」などが具体的《ぐたいてき》な目標《もくひょう》とするならば、「国語《こくご》の成績《せいせき》を上《あ》げるようがんばる。」は、抽象的《ちゅうしょうてき》な目標《もくひょう》ということになる。

黒字《くろじ》↔赤字《あかじ》

【黒字《くろじ》】 使《つか》ったお金《かね》より、入《はい》ったお金《かね》のほうが多《おお》いこと。例 節約《せつやく》したので、今月《こんげつ》のおこづかいは黒字《くろじ》になった。／今年《ことし》は景気《けいき》がよくて、父《ちち》の会社《かいしゃ》は黒字《くろじ》だそうだ。

【赤字《あかじ》】 入《はい》ったお金《かね》より、出《で》たお金《かね》のほうが多《おお》いこと。例 今月《こんげつ》の家計《かけい》は赤字《あかじ》になりそうだ。／赤字《あかじ》覚悟《かくご》の大《だい》サービス。

軽視《けいし》↔重視《じゅうし》

【軽視《けいし》】 ものごとをかるく見《み》て、大《たい》切《せつ》だと思《おも》わないこと。例 今《こん》回《かい》の事件《じけん》は軽視《けいし》できない。／わたしの提案《ていあん》は軽視《けいし》され、取《と》り上《あ》げてもらえなかった。／親《おや》の注意《ちゅうい》を軽視《けいし》してはいけない。

【重視《じゅうし》】 大事《だいじ》なこととして、重《おも》く見《み》ること。例 結果《けっか》より努力《どりょく》したことを重視《じゅうし》する。／実験《じっけん》の結果《けっか》を重視《じゅうし》して、研究《けんきゅう》を進《すす》める。

経線《けいせん》↔緯線《いせん》

【経線《けいせん》】 地球《ちきゅう》の表面上《ひょうめんじょう》を通《とお》り、北極《ほっきょく》と南極《なんきょく》を結《むす》んだ経度《けいど》を示《しめ》す仮《か》想《そう》の線《せん》。子午線《しごせん》。例 経線《けいせん》と緯線《いせん》が書《か》かれている地球儀《ちきゅうぎ》。

【い（緯《い》）線《せん》】 地球上《ちきゅうじょう》の位置《いち》をあらわすために、赤道《せきどう》に平行《へいこう》して引《ひ》いた仮想《かそう》の線《せん》。〇度《ど》から九〇度《ど》まで、同《おな》じ緯度《いど》を結《むす》んだ線《せん》。

継続《けいぞく》↔断絶《だんぜつ》

【けい（継《けい》）続《ぞく》】 前《まえ》から行《おこな》っていることを、引《ひ》きつづいて行《おこな》うこと。続《つづ》くこと。例 事件《じけん》の調査《ちょうさ》は継続《けいぞく》することが決《き》まった。／じゅうなん体操《たいそう》は継続《けいぞく》して行《おこな》うことが重要《じゅうよう》だ。

【断絶《だんぜつ》】 続《つづ》いていたものがとぎれること。ものごとの関係《かんけい》がとぎれること。例 断絶《だんぜつ》していた国交《こっこう》が、回復《かいふく》する。

軽率《けいそつ》⇔慎重《しんちょう》

【軽《けい》そつ（率《そつ》）】 ものごとをよく考《かんが》えないで、行《おこな》うようす。かるはずみ。例 よく考《かんが》えずに行動《こうどう》して、軽率《けいそつ》だった。／軽率《けいそつ》な判断《はんだん》によって、事故《じこ》を起《お》こしてしまった。

【しん（慎《しん》）重《ちょう》】 注意深《ちゅういぶか》く、かるがるしい行《おこな》いをしないこと。そのようす。例 実験器具《じっけんきぐ》は慎重《しんちょう》に取《と》りあつかわなくてはならない。／体調《たいちょう》が悪《わる》いので、慎重《しんちょう》を期《き》して学校《がっこう》を休《やす》んだ。

経度《けいど》⇔緯度《いど》

【経度《けいど》】 地球上《ちきゅうじょう》のある地点《ちてん》が、基準《きじゅん》とする位置《いち》から東西《とうざい》にどれくらいはなれているかを角度《かくど》であらわしたもの。例 地図《ちず》で東京《とうきょう》の経度《けいど》を調《しら》べる。

【い（緯《い》）度《ど》】 地球上《ちきゅうじょう》のある地点《ちてん》が、赤道《せきどう》から南北《なんぼく》にどれくらいはなれているかを角度《かくど》であらわしたもの。例 南極点《なんきょくてん》の緯度《いど》は南《なん》緯《い》九〇《90》度《ど》だ。

結婚《けっこん》⇔離婚《りこん》

【結《けっ》こん（婚《こん》）】 夫婦《ふうふ》になること。例 結婚《けっこん》の約束《やくそく》をしあった恋人《こいびと》たち。／明日《あす》、姉《あね》が結婚式《けっこんしき》を挙《あ》げる。

【りこん（離婚《りこん》）】 夫婦《ふうふ》が法律上《ほうりつじょう》の手続《てつづ》きをとって、別《わか》れること。例 よく話《はな》し合《あ》って、離婚《りこん》することにした。／離婚《りこん》を思《おも》いとどまる。

欠点《けってん》⇔美点《びてん》／利点《りてん》

【欠点《けってん》】 不十分《ふじゅうぶん》で、よくないところ。短所《たんしょ》。例 欠点《けってん》を長所《ちょうしょ》に変《か》える。／人《ひと》の欠点《けってん》ばかりさがしてはいけない。

【美点《びてん》】 すぐれた、よいところ。長所《ちょうしょ》。例 かの女《じょ》の美点《びてん》は、だれにでも親切《しんせつ》なところだ。

【利点《りてん》】 すぐれているところ。例 この器具《きぐ》の利点《りてん》は、軽《かる》くて持《も》ち運《はこ》びに便利《べんり》なところだ。

原因《げんいん》↔結果《けっか》

【原因《げんいん》】 ものごとが起《お》こるもとになること。また、もとになった事柄《ことがら》。例 事故《じこ》の原因《げんいん》を調《しら》べる。／けんかの原因《げんいん》はほんの小《ちい》さなことだ。

【結果《けっか》】 あることをしたために起《お》こった事柄《ことがら》。例 実験《じっけん》の結果《けっか》をグラフにあらわす。／がんばった結果《けっか》、一位《いちい》に入賞《にゅうしょう》した。

健康《けんこう》↔病気《びょうき》／病弱《びょうじゃく》

【健康《けんこう》】 ❶（病気《びょうき》でないかどうかという面《めん》から見《み》た）体《からだ》や心《こころ》の状態《じょうたい》。例 健康《けんこう》に留意《りゅうい》する。／毎年《まいとし》四月《しがつ》に健康診断《けんこうしんだん》を受《う》ける。
❷体《からだ》や心《こころ》の状態《じょうたい》がよいようす。すこやかなようす。例 わたしの祖父《そふ》は、百才《ひゃくさい》を過《す》ぎても、とても健康《けんこう》だ。

【病気《びょうき》】 体《からだ》や心《こころ》の働《はたら》きに異常《いじょう》が起《お》きて、苦《くる》しくなる状態《じょうたい》。やまい。例 病気《びょうき》になってはじめて、健康《けんこう》のありがたさがわかった。

【病弱《びょうじゃく》】 体《からだ》が弱《よわ》く、病気《びょうき》になりやすいこと。例 病弱《びょうじゃく》な体質《たいしつ》の改善《かいぜん》をはかる。

現実《げんじつ》↔理想《りそう》／空想《くうそう》

【現実《げんじつ》】 今《いま》、目《め》の前《まえ》に見《み》えている、ありのままの姿《すがた》。例 厳《きび》しい現実《げんじつ》に負《ま》けないよう努力《どりょく》する。／歌手《かしゅ》になる夢《ゆめ》が現実《げんじつ》となった。

【理想《りそう》】 人《ひと》がよりよいものとして、そうなってほしいと望《のぞ》むもの。例 理想《りそう》を追《お》い求《もと》める。／理想《りそう》の恋人《こいびと》とめぐりあう。／家族《かぞく》がたがいに助《たす》け合《あ》い、尊重《そんちょう》し合《あ》って生《い》きるのが、わたしの理想《りそう》だ。

【空想《くうそう》】 実際《じっさい》にはありそうもないことや、まだ見《み》たこともないことを、あれこれ考《かんが》えること。例 竜《りゅう》は空想上《くうそうじょう》の動物《どうぶつ》である。／未来《みらい》の世界《せかい》を空想《くうそう》してみる。

権利《けんり》↔義務《ぎむ》

【権利《けんり》】ある事柄《ことがら》を自由《じゆう》にできる資格《しかく》。例 自分《じぶん》の権利《けんり》を主張《しゅちょう》する。／会議《かいぎ》に出《で》ている人《ひと》は、だれでも意見《いけん》を言《い》う権利《けんり》がある。／投票《とうひょう》する権利《けんり》。

【義務《ぎむ》】決《き》まりがあって、守《まも》らなければいけないこと。例 納税《のうぜい》は国民《こくみん》の義務《ぎむ》だ。／義務《ぎむ》を果《は》たすために努力《どりょく》する。

幸運《こううん》↔不運《ふうん》／悪運《あくうん》

【幸運《こううん》】運《うん》がよいこと。よいめぐり合《あ》わせ。例 幸運《こううん》の女神《めがみ》。／あなたの幸運《こううん》をおいのりします／四《よ》つ葉《ば》のクローバーは幸運《こううん》のお守《まも》りです。／チケットが取《と》れたのは幸運《こううん》だった。
参考「好運《こううん》」とも書《か》く。▽「非運《ひうん》」も「幸運《こううん》」の反対《はんたい》語《ご》。

【不運《ふうん》】運《うん》が悪《わる》いこと。ついていないこと。例 たび重《かさ》なる不運《ふうん》に力《ちから》を落《お》とす。／一回戦《いっかいせん》で強敵《きょうてき》と当《あ》たったのは、不運《ふうん》だった。

【悪運《あくうん》】❶悪《わる》い運命《うんめい》。運《うん》が悪《わる》いこと。不運《ふうん》。例 けがという悪運《あくうん》に負《ま》けず、選手《せんしゅ》は競技《きょうぎ》に復帰《ふっき》し優勝《ゆうしょう》した。❷悪《わる》いことをしても、その報《むく》いを受《う》けずに栄《さか》えるような強《つよ》い運《うん》。例 本当《ほんとう》に悪運《あくうん》の強《つよ》い人《ひと》だ。

高価《こうか》↔安価《あんか》

【高価《こうか》】値段《ねだん》が高《たか》いこと。例 表通《おもてどお》りの店《みせ》では高価《こうか》な品物《しなもの》をそろえている。／高価《こうか》なアクセサリーを身《み》に着《つ》ける。

【安価《あんか》】値段《ねだん》が安《やす》いこと。例 駅前《えきまえ》の洋品店《ようひんてん》の品物《しなもの》は、安価《あんか》な割《わり》に質《しつ》がいい。／安価《あんか》な商品《しょうひん》を買《か》い求《もと》める。参考「廉価《れんか》」も「高価《こうか》」の反対語《はんたいご》。

攻撃《こうげき》↔守備《しゅび》／防御《ぼうぎょ》

【こうげき（攻《こう》撃《げき》）】

相手《あいて》をせめること。例 敵《てき》の城《しろ》を攻撃《こうげき》する。／九回裏《きゅうかいうら》の攻《こう》撃《げき》でホームランを打《う》つ。


【守備《しゅび》】

せめてくる敵《てき》を防《ふせ》ぐこと。例 城《しろ》を守備《しゅび》する。／守備《しゅび》をかためる。


【防《ぼう》ぎょ（御《ぎょ》）】

敵《てき》がせめてくるのを、ふせいで守《まも》ること。例 上空《じょうくう》からの攻撃《こうげき》を防御《ぼうぎょ》する。／鉄壁《てっぺき》の防御《ぼうぎょ》（＝守《まも》りが非常《ひじょう》にかたいこと）。

好調《こうちょう》↔不調《ふちょう》

【好調《こうちょう》】

非常《ひじょう》に調子《ちょうし》がよいこと。ものごとが思《おも》うように運《はこ》ぶこと。快調《かいちょう》。例 新商品《しんしょうひん》の売《う》れ行《ゆ》きは好調《こうちょう》だ。／学芸会《がくげいかい》の準備《じゅんび》は好調《こうちょう》に進《すす》んでいる。参考 「快調《かいちょう》」も「不調《ふちょう》」の反対語《はんたいご》。例 早起《はやお》きすると、一日《いちにち》じゅう快調《かいちょう》だ。


【不調《ふちょう》】

調子《ちょうし》が悪《わる》いこと。例 最近《さいきん》、あのバッターは不調《ふちょう》でヒットが打《う》てない。参考 「ものごとや話《はな》し合《あ》いがうまくまとまらないこと」の意味《いみ》もある。例 会議《かいぎ》は不調《ふちょう》のまま、終《お》わった。

購入《こうにゅう》↔売却《ばいきゃく》

【こう（購《こう》）入《にゅう》】

お金《かね》をはらって、ものを買《か》うこと。買《か》い入《い》れること。例 冷蔵庫《れいぞうこ》を購入《こうにゅう》する。／家《いえ》を購入《こうにゅう》するため、貯金《ちょきん》にはげむ。


【売《ばい》きゃく（却《きゃく》）】

売《う》りはらうこと。例 先祖代々《せんぞだいだい》の土地《とち》を売却《ばいきゃく》する。／その商品《しょうひん》はすでに売却《ばいきゃく》済《ず》みだ。

好評《こうひょう》↔不評《ふひょう》

【好評《こうひょう》】

評判《ひょうばん》がよいこと。また、よい評判《ひょうばん》。例 発表会《はっぴょうかい》での劇《げき》は、好評《こうひょう》だった。参考 「悪評《あくひょう》」も「好評《こうひょう》」の反対語《はんたいご》。


【不評《ふひょう》】

評判《ひょうばん》がよくないこと。例 先週《せんしゅう》から始《はじ》まった連続《れんぞく》ドラマは不評《ふひょう》だ。／バレエの公演《こうえん》が不評《ふひょう》に終《お》わる。

幸福《こうふく》↔不幸《ふこう》

【幸福《こうふく》】

しあわせなこと。めぐまれていて、満《み》ち足《た》りていること。例 家族《かぞく》みんなの幸福《こうふく》をいのる。／おいしいものを食《た》べているときが、いちばん幸福《こうふく》だ。

【不幸《ふこう》】

❶ふしあわせなこと。幸福《こうふく》でないこと。例 シンデレラは、不幸《ふこう》な生《お》い立《た》ちにもかかわらず、明《あか》るく育《そだ》った。

❷身内《みうち》の人《ひと》などが亡《な》くなることを、遠回《とおまわ》しにいう言《い》い方《かた》。例 不幸《ふこう》があって、国《くに》（＝故郷《こきょう》）に帰《かえ》る。

公有《こうゆう》↔私有《しゆう》

【公有《こうゆう》】

国《くに》、県《けん》や公共《こうきょう》の団体《だんたい》が、持《も》っていること。例 この森林《しんりん》は公有地《こうゆうち》だ。／県《けん》の公有財産《こうゆうざいさん》を、県民《けんみん》に公表《こうひょう》する。参考 特《とく》に、国《くに》が持《も》っていることを「国有《こくゆう》」、県《けん》が持《も》っていることを「県有《けんゆう》」などという。例 国有林《こくゆうりん》。／国有企業《こくゆうきぎょう》。／県有《けんゆう》地《ち》。

【私有《しゆう》】

公《おおやけ》のものでなく、個人《こじん》や私的《してき》な団体《だんたい》が持《も》っていること。例 私有地《しゆうち》に勝手《かって》に入《はい》ってはいけない。／私有財産《しゆうざいさん》。

公用《こうよう》↔私用《しよう》

【公用《こうよう》】

❶国《くに》や役所《やくしょ》などの用事《ようじ》。例 公用《こうよう》で大阪《おおさか》へ行《い》く。

❷国《くに》や役所《やくしょ》などが使《つか》うこと。例 うめ立《た》て地《ち》に公用《こうよう》の建物《たてもの》を建《た》てる。

【私用《しよう》】

❶自分《じぶん》のための個人的《こじんてき》な用事《ようじ》。例 私用《しよう》で会社《かいしゃ》を休《やす》む。

❷公《おおやけ》のものを自分《じぶん》のために使《つか》うこと。例 会社《かいしゃ》のパソコンなので、私用《しよう》は許《ゆる》されない。

交流《こうりゅう》↔直流《ちょくりゅう》

【交流《こうりゅう》】

一定《いってい》の時間《じかん》ごとに、流《なが》れの向《む》きと大《おお》きさが変化《へんか》する電流《でんりゅう》。例 発電所《はつでんしょ》から各家庭《かくかてい》に交流《こうりゅう》の電流《でんりゅう》が送《おく》られる。参考 たがいに行《い》き来《き》をすることの意味《いみ》でも使《つか》われる。例 おたがいの交流《こうりゅう》を深《ふか》める。

【直流《ちょくりゅう》】

一定《いってい》の向《む》きに流《なが》れる電流《でんりゅう》。例 電池《でんち》が発生《はっせい》する電気《でんき》は直流《ちょくりゅう》である。参考 まっすぐに流《なが》れることにも言《い》う。ただしこの場合《ばあい》の反対語《はんたいご》は「曲流《きょくりゅう》」。

根幹《こんかん》↔枝葉《しよう》

【根幹《こんかん》】

（木《き》の根《ね》と幹《みき》の意味《いみ》から）ものごとの大《おお》もとになる、もっ

とも大切《たいせつ》なもの。例 その議論《ぎろん》は、根幹《こんかん》からまちがっている。／日本《にっぽん》の政治《せいじ》の根幹《こんかん》は民主主義《みんしゅしゅぎ》である。


【し◆(枝《し》)葉《よう》】

(木《き》の枝《えだ》と葉《は》の意味《いみ》から)ものごとの中心《ちゅうしん》からはずれた、重要《じゅうよう》でない部分《ぶぶん》。例 枝葉《しよう》にこだわって、本質《ほんしつ》を見失《みうしな》う。／枝葉《しよう》の問題《もんだい》ばかり論《ろん》じる。／枝葉末節《しようまっせつ》(＝重要《じゅうよう》でないつまらない事柄《ことがら》)。参考 「えだは」とも読《よ》む。

困難《こんなん》 ⇔ 容易《ようい》

【困難《こんなん》】

ものごとをするのが非常《ひじょう》にむずかしいようす。例 作品《さくひん》を三日《みっか》で仕上《しあ》げるのは困難《こんなん》だ。／解決《かいけつ》が困難《こんなん》な問題《もんだい》がたくさんある。


【容易《ようい》】

やさしく、簡単《かんたん》にできるようす。例 部品《ぶひん》さえそろえば組《く》み立《た》てるのは容易《ようい》だ。／予選《よせん》は容易《ようい》に勝《か》ち進《すす》めるはずだ。

混乱《こんらん》 ⇔ 秩序《ちつじょ》

【混乱《こんらん》】

ものごとが入《い》り乱《みだ》れて、まとまりがつかなくなること。例 頭《あたま》が混乱《こんらん》する。／政治《せいじ》が不安定《ふあんてい》なため、国《くに》じゅうが混乱《こんらん》している。／電車《でんしゃ》が運休《うんきゅう》して駅《えき》が混乱《こんらん》した。


【ちつ(▼秩《ちつ》)序《じょ》】

ものごとを行《おこな》うときの正《ただ》しい順序《じゅんじょ》や決《き》まり。例 社会秩序《しゃかいちつじょ》が乱《みだ》れる。／いつも秩序《ちつじょ》だった行動《こうどう》をとる。

最高《さいこう》 ⇔ 最低《さいてい》

【最高《さいこう》】
❶程度《ていど》などが、いちばん高《たか》いこと。例 今年《ことし》最高《さいこう》の気温《きおん》を記録《きろく》する。
❷ものごとの程度《ていど》が、いちじるしくよいこと。例 最高《さいこう》におもしろい映画《えいが》。

【最低《さいてい》】
❶程度《ていど》などが、いちばん低《ひく》いこと。例 最低《さいてい》気温《きおん》は氷点下《ひょうてんか》になった。
❷ものごとの程度《ていど》が、いちじるしく悪《わる》いこと。例 恩人《おんじん》を裏切《うらぎ》るなんて最低《さいてい》だ。

差別《さべつ》⇔平等《びょうどう》

【差別《さべつ》】あるものの性質《せいしつ》や状態《じょうたい》のちがいによって、あつかい方《かた》に差《さ》をつけること。例 自分《じぶん》とちがうからといって、人《ひと》を差《さ》別《べつ》してはいけない。／差別《さべつ》のない社会《しゃかい》を目指《めざ》す。

【平等《びょうどう》】差別《さべつ》がなく、みんなが等《ひと》しいこと。例 男女平等《だんじょびょうどう》の世《よ》の中《なか》。／おやつを兄弟《きょうだい》で平等《びょうどう》に分《わ》ける。

賛成《さんせい》⇔反対《はんたい》

【賛成《さんせい》】人《ひと》の考《かんが》えや意見《いけん》をよいと認《みと》めること。例 賛成《さんせい》が多数《たすう》なので、提案《ていあん》どおり決定《けってい》する。／子《こ》ども会《かい》の活動方針《かつどうほうしん》に賛成《さんせい》する。

【反対《はんたい》】ある意見《いけん》や、やり方《かた》などに同意《どうい》しないこと。例 学級会《がっきゅうかい》で反対《はんたい》の意見《いけん》を述《の》べる。／住民《じゅうみん》がマンションの建設《けんせつ》に反対《はんたい》する。

失意《しつい》⇔得意《とくい》

【失意《しつい》】あてがはずれたり、望《のぞ》みがかなわなかったりして、がっかりすること。例 失意《しつい》のどん底《ぞこ》。

【得意《とくい》】望《のぞ》みどおりになって、満足《まんぞく》すること。例 優勝《ゆうしょう》して得意《とくい》になる。／得意満面《とくいまんめん》。

支配《しはい》⇔従属《じゅうぞく》

【支配《しはい》】❶（地域《ちいき》や人《ひと》、勢力《せいりょく》などに対《たい》して）力《ちから》をおよぼし、思《おも》いどおりに治《おさ》めたり、仕事《しごと》を取《と》りしまったりすること。例 王《おう》が支配《しはい》する国《くに》。／ホテルの支配人《しはいにん》。／かつて恐竜《きょうりゅう》が、地上《ちじょう》の支配者《しはいしゃ》であった。❷人《ひと》の考《かんが》えや行《おこな》いにえいきょうをおよぼすこと。例 先入観《せんにゅうかん》に支配《しはい》される。

【従属《じゅうぞく》】強《つよ》い者《もの》や、ほかの者《もの》の下《した》につきしたがうこと。例 従属《じゅうぞく》関係《かんけい》にある。／大国《たいこく》に従属《じゅうぞく》する。

地味《じみ》↔派手《はで》

【地味《じみ》】はなやかさがなく、ひかえめなようす。目立《めだ》たないようす。例 地味《じみ》な性格《せいかく》だが、信用《しんよう》できる人《ひと》だ。／父《ちち》は地味《じみ》な服装《ふくそう》を好《この》む。

【派手《はで》】はなやかで、人目《ひとめ》をひき目立《めだ》つこと。例 わたしは派手《はで》な顔《かお》だちだが、性格《せいかく》は引《ひ》っ込《こ》み思案《じあん》で地味《じみ》だ。／俳優《はいゆう》が、派手《はで》に登場《とうじょう》した。

集合《しゅうごう》↔解散《かいさん》

【集合《しゅうごう》】一《いっ》か所《しょ》に集《あつ》まること。また、集《あつ》めること。例 ねぼうして、集合《しゅうごう》の時刻《じこく》におくれる。／朝八時《あさはちじ》に、校庭《こうてい》に集合《しゅうごう》する。

【解散《かいさん》】集《あつ》まった人《ひと》たちがちりぢりに別《わか》れること。例 帰《かえ》りのあいさつのあと、解散《かいさん》となる。／駅《えき》の改札口《かいさつぐち》を出《で》たところで解散《かいさん》する。

重厚《じゅうこう》↔軽薄《けいはく》

【重《じゅう》こう（◆厚《こう》）】おもおもしくて、落《お》ち着《つ》いているようす。例 重厚《じゅうこう》な音楽《おんがく》。／重厚《じゅうこう》な造《つく》りの家《いえ》。／重厚《じゅうこう》な態度《たいど》で接《せっ》する。

【軽《けい》はく（▼薄《はく》）】考《かんが》えがあさく、ことばや態度《たいど》がかるがるしいようす。例 軽薄《けいはく》な態度《たいど》を改《あらた》める。参考「薄《はく》」は、程度《ていど》が少《すく》ないこと。

自由詩《じゆうし》↔定型詩《ていけいし》

【自由詩《じゆうし》】字数《じすう》やことばの調子《ちょうし》など、伝統的《でんとうてき》な形式《けいしき》にとらわれない、自由《じゆう》な詩《し》。例 自由詩《じゆうし》を書《か》く宿題《しゅくだい》がでた。

【定型詩《ていけいし》】字数《じすう》やことばの調子《ちょうし》など、ある決《き》まった形式《けいしき》にしたがって書《か》く詩《し》。例 俳句《はいく》や短歌《たんか》は、七文字《しちもじ》と五文字《ごもじ》のことばの組《く》み合《あ》わせでなる定型詩《ていけいし》だ。／定型詩《ていけいし》のことばの調子《ちょうし》を楽《たの》しむ。

収入《しゅうにゅう》↔支出《ししゅつ》

【収入《しゅうにゅう》】お金《かね》が自分《じぶん》のものとして入《はい》ってくること。また、

入《はい》ってきたお金《かね》。例 収入《しゅうにゅう》の多《おお》い仕事《しごと》につく。／ひと月《つき》二十万円《にじゅうまんえん》の収入《しゅうにゅう》がある。

【支出《ししゅつ》】お金《かね》をしはらうこと。また、しはらったお金《かね》。例 節約《せつやく》して支出《ししゅつ》をおさえる。／おこづかいから二百円《にひゃくえん》支出《ししゅつ》する。

主語《しゅ ご》↔述語《じゅつ ご》

【主語《しゅご》】文《ぶん》の中《なか》で、動作《どうさ》やようすのもととなることば。参考「何《なに》はどんなだ」「何《なに》がどうする」の「何《なに》」の部分《ぶぶん》が主語《しゅご》。「わたしは宇宙人《うちゅうじん》です。」の主語《しゅご》は「わたし」になる。

【述語《じゅつご》】文《ぶん》の中《なか》で、主語《しゅご》を受《う》けてそれがどうなったか動作《どうさ》やようすを説明《せつめい》することば。参考「何《なに》はどんなだ」「何《なに》がどうする」の「どんなだ」「どうする」の部分《ぶぶん》が述語《じゅつご》。「赤《あか》ちゃんが笑《わら》う」の中《なか》で、「笑《わら》う」が述語《じゅつご》になる。

受信《じゅしん》↔発信《はっしん》／送信《そうしん》

【受信《じゅしん》】❶電話《でんわ》・電信《でんしん》やラジオ・テレビ放送《ほうそう》など、通信《つうしん》を受《う》け取《と》ること。例 ラジオを受信《じゅしん》する。❷手紙《てがみ》・メール・メッセージなどを受《う》け取《と》ること。

【発信《はっしん》】❶信号《しんごう》や電波《でんぱ》を出《だ》すこと。例 世界《せかい》に日本《にっぽん》の情報《じょうほう》を発信《はっしん》する。／SOS《エスオーエス》を発信《はっしん》する。❷手紙《てがみ》などを送《おく》ること。

【送信《そうしん》】❶信号《しんごう》や電波《でんぱ》を送《おく》り出《だ》すこと。例 メールを送信《そうしん》する。❷手紙《てがみ》・メール・メッセージなどを送《おく》ること。

手段《しゅだん》↔目的《もくてき》

【手段《しゅだん》】ある目的《もくてき》をとげるための方法《ほうほう》。てだて。例 どういった手段《しゅだん》で物資《ぶっし》を運《はこ》ぼうか。／成功《せいこう》のためには手段《しゅだん》を選《えら》ばない。／人質《ひとじち》を救出《きゅうしゅつ》するため、あらゆる手段《しゅだん》をこうじる。

【目的《もくてき》】あることを実現《じつげん》しようとするときのめあて。例 旅行《りょこう》の目的《もくてき》は、友人《ゆうじん》に会《あ》うことで

対義語（反対語）意味がはんたいのことば

す。／目的《もくてき》をとげるためには、努力《どりょく》しなくてはならない。／富士山《ふじさん》に登頂《とうちょう》した目的《もくてき》は、美《うつく》しい日《ひ》の出《で》を見《み》るためです。

出国《しゅっこく》↔入国《にゅうこく》／帰国《きこく》

【出国《しゅっこく》】国《くに》から出《で》て、外国《がいこく》に行《い》くこと。例 空港《くうこう》で出国《しゅっこく》の手続《てつづ》きをとる。／明日《あす》、出国《しゅっこく》する予定《よてい》である。参考「しゅつごく」とも読《よ》む。

【入国《にゅうこく》】外国《がいこく》から、ある国《くに》へ入《はい》ること。例 入国審査《にゅうこくしんさ》が厳《きび》しい。／北京《ペキン》から入国《にゅうこく》し、三日後《みっかご》に上海《シャンハイ》から出国《しゅっこく》する。

【帰国《きこく》】外国《がいこく》から、自分《じぶん》の国《くに》に帰《かえ》ること。例 帰国《きこく》したら、白《しろ》いご飯《はん》が食《た》べたい。／帰国子女《きこくしじょ》のかの女《じょ》は、フランス語《ご》とスペイン語《ご》が話《はな》せる。

出席《しゅっせき》↔欠席《けっせき》

【出席《しゅっせき》】授業《じゅぎょう》や会合《かいごう》などに出《で》ること。例 クラスの代表《だいひょう》として、代《だい》表委員会《ひょういいんかい》に出席《しゅっせき》する。／課外授業《かがいじゅぎょう》に出席《しゅっせき》する人《ひと》の数《かず》を調《しら》べる。

【欠席《けっせき》】授業《じゅぎょう》や会合《かいごう》などに、出《で》るはずの人《ひと》が出《で》ないこと。例 かぜをひいて、水泳教室《すいえいきょうしつ》を欠席《けっせき》する。／欠席《けっせき》する人《ひと》は必《かなら》ず届《とど》けを出《だ》すこと。

出発《しゅっぱつ》↔到着《とうちゃく》

【出発《しゅっぱつ》】目的《もくてき》の場所《ばしょ》に向《む》かって出《で》かけること。例 大雨《おおあめ》のために、出《しゅっ》発《ぱつ》がおくれている。／登山隊《とざんたい》は、朝六時《あさろくじ》に山小屋《やまごや》を出《しゅっ》発《ぱつ》した。

【とう（▼到《とう》）着《ちゃく》】人《ひと》や物《もの》が目的《もくてき》の場所《ばしょ》に着《つ》くこと。届《とど》くこと。例 門《もん》の前《まえ》で、お客様《きゃくさま》の到着《とうちゃく》を待《ま》つ。／電車《でんしゃ》は、二十分《にじっぷん》おくれて駅《えき》に到《とう》着《ちゃく》した。

順風《じゅんぷう》↔逆風《ぎゃくふう》

【順風《じゅんぷう》】自分《じぶん》の進《すす》む方向《ほうこう》にふく風《かぜ》。追《お》い風《かぜ》。例 かれの人生《じんせい》は順風《じゅんぷう》満帆《まんぱん》だ。／順風《じゅんぷう》に帆《ほ》をあげて進《すす》む。

【逆風《ぎゃくふう》】

自分《じぶん》が進《すす》んでいく方向《ほうこう》からふく風《かぜ》。向《む》かい風《かぜ》。例 逆風《ぎゃくふう》のため、一〇〇《ひゃく》メートル走《そう》の記録《きろく》がのびない。／景気悪化《けいきあっか》という逆風《ぎゃくふう》にも負《ま》けず、商売《しょうばい》を成功《せいこう》させた。

消火《しょうか》 ⇔ 点火《てんか》

【消火《しょうか》】

火《ひ》や火事《かじ》を消《け》すこと。例 すばやい消火《しょうか》で、大《おお》きな火事《かじ》にならずにすんだ。／一年《いちねん》に一度《いちど》、消火訓練《しょうかくんれん》をする。


【点火《てんか》】

火《ひ》をつけること。例 クリスマスケーキのろうそくに点火《てんか》する。／打《う》ち上《あ》げ花火《はなび》に点火《てんか》する。

上昇《じょうしょう》 ⇔ 下降《かこう》

【上《じょう》しょう（昇《しょう》）】

上《うえ》のほうにのぼること。高《たか》く上《あ》がること。例 飛行機《ひこうき》がぐんぐん上昇《じょうしょう》する。／物価《ぶっか》の上昇《じょうしょう》をおさえる政策《せいさく》がとられる。参考「降下《こうか》」も「上《じょう》昇《しょう》」の反対語《はんたいご》。

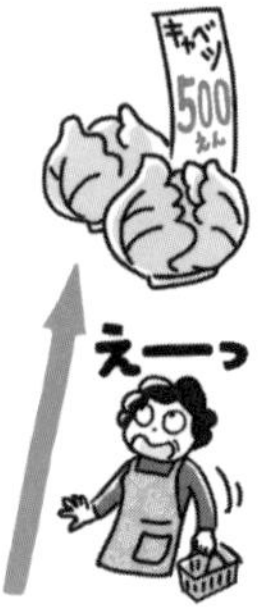

【下降《かこう》】
下《した》に下《さ》がること。おりること。例 ワシがえものをねらって、一気《いっき》に下降《かこう》する。／土地《とち》の値段《ねだん》がどんどん下降《かこう》した時期《じき》がある。

上層《じょうそう》 ⇔ 下層《かそう》

【上層《じょうそう》】
❶いくえにも重《かさ》なったものの上《うえ》の部分《ぶぶん》。例 上層《じょうそう》に、暖《あたた》かい空気《くうき》が集《あつ》まりやすい。
❷地位《ちい》が高《たか》いこと。例 会社《かいしゃ》の上層部《じょうそうぶ》の意見《いけん》を聞《き》く。

【下層《かそう》】
❶いくえにも重《かさ》なったものの下《した》の部分《ぶぶん》。例 ビルの下層《かそう》の階《かい》には店舗《てんぽ》が入《はい》っている。
❷社会的《しゃかいてき》な地位《ちい》や生活《せいかつ》の程度《ていど》が低《ひく》いこと。例 社会《しゃかい》の下《か》層《そう》。

承認《しょうにん》 ⇔ 拒否《きょひ》

【承認《しょうにん》】
❶そのことが正《ただ》しい、または事実《じじつ》であるとみとめること。例 法律《ほうりつ》によって承認《しょうにん》されている。／多数決《たすうけつ》で承認《しょうにん》された。
❷同意《どうい》してみとめること。聞《き》き入《い》れること。例 保護者《ほごしゃ》が承認《しょうにん》しないと、海外旅行《かいがいりょこう》には行《い》けない。

【きょ（拒《きょ》）否《ひ》】

相手《あいて》の要求《ようきゅう》や意見《いけん》を、受《う》け入《い》れないでこばむこと。例 不《ふ》当《とう》な立《た》ち退《の》き命令《めいれい》を拒否《きょひ》する。参考「拒《きょ》」は、承知《しょうち》しないこと。

上品《じょうひん》↔下品《げひん》

【上品《じょうひん》】すぐれていたり、好《この》ましかったりするようす。例 家《か》具《ぐ》の色《いろ》の取《と》り合《あ》わせがとても上品《じょうひん》だ。／上品《じょうひん》な女《おんな》の人《ひと》に道《みち》をたずねられた。

【下品《げひん》】好《この》ましくなかったり、いやしかったりするようす。例 大声《おおごえ》で話《はな》しながら食事《しょくじ》をするのは下品《げひん》だ。／下品《げひん》なことばづかいはやめる。

勝利《しょうり》↔敗北《はいぼく》

【勝利《しょうり》】戦《たたか》いや試合《しあい》などに勝《か》つこと。例 決勝戦《けっしょうせん》では白組《しろぐみ》が勝利《しょうり》を収《おさ》めた。／勝利《しょうり》を目前《もくぜん》にしながら、逆転《ぎゃくてん》されてしまった。

【敗北《はいぼく》】戦《たたか》いや試合《しあい》などに負《ま》けること。例 一〇《10》点《てん》も差《さ》がついては、敗北《はいぼく》は明《あき》らかだ。／敵《てき》の大軍《たいぐん》にせめられて敗北《はいぼく》する。

私立《しりつ》↔公立《こうりつ》／国立《こくりつ》

【私立《しりつ》】一般《いっぱん》の人《ひと》や民間《みんかん》の団体《だんたい》がお金《かね》を出《だ》してつくり、管理《かんり》・運《うん》営《えい》すること。またその施設《しせつ》。例 私立《しりつ》の中学《ちゅうがく》に進学《しんがく》する。／この町《まち》には私立病院《しりつびょういん》が三《みっ》つある。

【公立《こうりつ》】国《くに》や都道府県《とどうふけん》・市区町村《しくちょうそん》などが公《おおやけ》のお金《かね》でつくり、管《かん》理《り》・運営《うんえい》すること。またその施設《しせつ》。例 公立《こうりつ》の図書館《としょかん》に通《かよ》う。

【国立《こくりつ》】国《くに》のお金《かね》でつくり、管理《かんり》・運営《うんえい》すること。またその施設《しせつ》。例 国立大学《こくりつだいがく》を受験《じゅけん》する。

自立《じりつ》↔依存《いぞん》

【自立《じりつ》】人《ひと》にたよらないで、ひとり立《だ》ちすること。自分《じぶん》の力《ちから》でやっていくこと。例 親元《おやもと》から自立《じりつ》する。／精神的《せいしんてき》に自立《じりつ》しないと、大人《おとな》とは言《い》えない。

【い（依《い》）存《そん》】

ほかのものにたよって生活《せいかつ》または存在《そんざい》すること。例 依存《いぞん》心《しん》の強《つよ》い性格《せいかく》。／日本《にっぽん》は多《おお》くの原材料《げんざいりょう》を外国《がいこく》に依存《いぞん》している。／親《おや》に依存《いぞん》して生《い》きている。参考「いぞん」とも読《よ》む。「依《い》」は、「よりかかる。たよる」という意味《いみ》。

進行《しんこう》↔停止《ていし》

【進行《しんこう》】❶前《まえ》へ進《すす》んでいくこと。例 電車《でんしゃ》が時間《じかん》どおりに進行《しんこう》する。❷ものごとがはかどること。例 会議《かいぎ》が進行《しんこう》する。／運動《うんどう》会《かい》の進行係《しんこうがかり》。

【停止《ていし》】動《うご》いているものや、続《つづ》いている活動《かつどう》が途中《とちゅう》で止《と》まること。例 車《くるま》が赤信号《あかしんごう》で停止《ていし》する。／生産《せいさん》を停止《ていし》する。

人工《じんこう》↔天然《てんねん》

【人工《じんこう》】人《ひと》の手《て》を加《くわ》えてつくり出《だ》すこと。人間《にんげん》の力《ちから》でつくること。例 池《いけ》に人工《じんこう》の島《しま》をつくる。／人工衛星《じんこうえいせい》。／おぼれた人《ひと》に人工呼吸《じんこうこきゅう》をする。参考「自然《しぜん》」も「人工《じんこう》」の反対語《はんたいご》。

【天然《てんねん》】人《ひと》の手《て》を加《くわ》えていない、自然《しぜん》のままのようす。例 どうくつの中《なか》から天然《てんねん》の氷《こおり》を取《と》り出《だ》す。／秋《あき》の高原《こうげん》で、天然《てんねん》の美《び》を味《あじ》わう。

進歩《しんぽ》↔退歩《たいほ》

【進歩《しんぽ》】ものごとがよりよいほうへ進《すす》むこと。例 技術《ぎじゅつ》の進歩《しんぽ》がめざましい。／昭和《しょうわ》生《う》まれの祖母《そぼ》は進歩《しんぽ》的《てき》な考《かんが》え方《かた》をする。

【退歩《たいほ》】ものごとが、前《まえ》の状態《じょうたい》より悪《わる》くなること。あともどりすること。例 最近《さいきん》、記憶力《きおくりょく》が退歩《たいほ》したと父《ちち》がつぶやいた。

親密《しんみつ》↔疎遠《そえん》

【親密《しんみつ》】きわめて仲《なか》がよく、親《した》しいこと。例 友人《ゆうじん》と親密《しんみつ》な関係《かんけい》を築《きず》く。／親密《しんみつ》な間柄《あいだがら》。

【そ（疎《そ》）遠《えん》】長《なが》くはなれていて、関係《かんけい》がうすくなること。そのようす。例 遠《とお》くに住《す》んでいる親《しん》せきとはすっかり疎遠《そえん》となっている。／疎遠《そえん》になってい

た友人《ゆうじん》から、手紙《てがみ》が届《とど》いた。参考「疎《そ》」は、「つきあいが親《した》しくない」という意味《いみ》。

水平《すいへい》⇔垂直《すいちょく》

【水平《すいへい》】

静《しず》かな水面《すいめん》のように、かたむかず平《たい》らなようす。例 旅客《りょかっ》機《き》が高度《こうど》一万《いちまん》メートルで水平《すいへい》に飛行《ひこう》する。


【垂直《すいちょく》】

静《しず》かな水面《すいめん》のように平《たい》らな面《めん》や線《せん》に対《たい》して、直角《ちょっかく》の向《む》きであるようす。例 柱《はしら》を地面《じめん》に垂直《すいちょく》に立《た》てる。

進《すす》む⇔退《しりぞ》く

【進《すす》む】
❶前《まえ》のほうへ行《い》く。例 行列《ぎょうれつ》が少《すこ》しずつ進《すす》む。
❷仕事《しごと》などが、はかどる。例 宿題《しゅくだい》の進《すす》み具合《ぐあい》はどうですか？ 参考 ❷の意味《いみ》では「おくれる」が反対語《はんたいご》。

【退《しりぞ》く】
❶後《うし》ろにさがる。遠《とお》ざかる。例 三歩《さんぽ》ほど後《うし》ろへ退《しりぞ》く。／ネコがにらみ合《あ》っていたが、小《ちい》さいほうが少《すこ》しずつ退《しりぞ》いた。
❷ひきさがる。例 予選《よせん》で負《ま》けて大会《たいかい》から退《しりぞ》く。

清潔《せいけつ》⇔不潔《ふけつ》

【清潔《せいけつ》】

きれいで、さっぱりしていること。また、心《こころ》によごれがなく、行《おこな》いが正《ただ》しいこと。例 いつも清潔《せいけつ》な服《ふく》を着《き》る。


【不潔《ふけつ》】

よごれて、きたないこと。例 不潔《ふけつ》な手《て》で食《た》べ物《もの》をさわらないようにする。／そうじをしていないので、台所《だいどころ》が不《ふ》潔《けつ》だ。

成功《せいこう》⇔失敗《しっぱい》

【成功《せいこう》】

思《おも》ったことや計画《けいかく》したことが、思《おも》いどおりにうまくいくこと。例 ロケットの打《う》ち上《あ》げに成功《せいこう》する。／作戦《さくせん》が成功《せいこう》して試合《しあい》に勝《か》った。


【失敗《しっぱい》】

やりそこなうこと。しくじること。例 初《はじ》めての料理《りょうり》は失《しっ》敗《ぱい》に終《お》わった。／一度《いちど》失敗《しっぱい》したからといって、あきらめてはいけない。

生産《せいさん》↔消費《しょうひ》

【生産《せいさん》】人間《にんげん》の生活《せいかつ》に必要《ひつよう》な物《もの》をつくり出《だ》すこと。例 くだいた木《もく》材《ざい》から紙《かみ》を生産《せいさん》する。／工場《こうじょう》では、年間約十万台《ねんかんやくじゅうまんだい》の車《くるま》を生《せい》産《さん》する。

【消費《しょうひ》】お金《かね》・物《もの》・労力《ろうりょく》などを、使《つか》ってなくすこと。例 機械《きかい》を動《うご》かすために多《おお》くの電力《でんりょく》を消費《しょうひ》する。／近年《きんねん》は、魚《さかな》よりも肉《にく》の消費《しょうひ》が増《ふ》えている。

誠実《せいじつ》↔不実《ふじつ》

【誠実《せいじつ》】いつわりがなく、まごころがこもっていること。そのようす。例 誠実《せいじつ》な人柄《ひとがら》が、だれからも好《す》かれる。／加害者《かがいしゃ》の誠実《せいじつ》さに欠《か》ける態度《たいど》が、被害者《ひがいしゃ》をおこらせた。

【不実《ふじつ》】誠実《せいじつ》でないこと。誠意《せいい》に欠《か》けていいかげんなようす。例 不実《ふじつ》な態度《たいど》で、恋人《こいびと》を困《こま》らせる。／不実《ふじつ》な態度《たいど》を改《あらた》めないと、友人《ゆうじん》を失《うしな》うよ。

成熟《せいじゅく》↔未熟《みじゅく》

【成熟《せいじゅく》】❶果物《くだもの》や穀物《こくもつ》がよく実《みの》ること。例 モモの実《み》が成熟《せいじゅく》する。❷体《からだ》や心《こころ》が十分《じゅうぶん》に成長《せいちょう》すること。例 成熟《せいじゅく》したライオンのオスは、立派《りっぱ》なたてがみをもっている。／成熟《せいじゅく》した社会《しゃかい》をめざす。

【未熟《みじゅく》】❶果物《くだもの》や穀物《こくもつ》が、十分《じゅうぶん》に実《みの》っていないこと。❷学問《がくもん》や技術《ぎじゅつ》などが、まだ十分《じゅうぶん》でないこと。例 未熟《みじゅく》ではあるが、精一《せいいっ》ぱいがんばる。／未熟《みじゅく》で、職人《しょくにん》の父《ちち》の技術《ぎじゅつ》には追《お》い付《つ》かない。

精神《せいしん》↔肉体《にくたい》

【精神《せいしん》】人間《にんげん》の心《こころ》。たましい。例 精神《せいしん》をきたえる。／精神的《せいしんてき》な苦《く》痛《つう》を味《あじ》わう。

【肉体《にくたい》】人間《にんげん》の体《からだ》。身体《しんたい》。例 たくましい肉体《にくたい》をほこる。／肉体《にくたい》と精神《せいしん》の両方《りょうほう》をきたえる。

生徒《せいと》⇔教師《きょうし》

【生徒《せいと》】学校《がっこう》などで、教師《きょうし》から教《おし》えを受《う》ける人《ひと》。特《とく》に中学生《ちゅうがくせい》や高校生《こうこうせい》を指《さ》す。例 校庭《こうてい》に生徒《せいと》が並《なら》んだ。／生徒会長《せいとかいちょう》に立候補《りっこうほ》する。参考 小学生《しょうがくせい》は「児童《じどう》」、大学生《だいがくせい》は「学生《がくせい》」と言《い》う。

【教師《きょうし》】学校《がっこう》などで、学問《がくもん》や技術《ぎじゅつ》を教《おし》える人《ひと》。先生《せんせい》。教員《きょういん》。例 将来《しょうらい》の夢《ゆめ》は、中学校《ちゅうがっこう》の教師《きょうし》になることです。／兄《あに》は家庭教師《かていきょうし》のアルバイトをしている。

正当《せいとう》⇔不当《ふとう》

【正当《せいとう》】道理《どうり》にかなっていて、正《ただ》しいこと。例 正当《せいとう》な理由《りゆう》がなく、授業《じゅぎょう》を欠席《けっせき》することはおすすめできない。／自分《じぶん》の立場《たちば》を正当化《せいとうか》する。

【不当《ふとう》】道理《どうり》にかなっていないこと。適当《てきとう》でないこと。例 不当《ふとう》なあつかいを受《う》ける。／不当《ふとう》に高《たか》い値段《ねだん》で、売《う》りつけられた。

積極《せっきょく》⇔消極《しょうきょく》

【積極《せっきょく》】（「的《てき》」などをつけて）進《すす》んでものごとをすること。例 学級委員会《がっきゅういいんかい》で積極的《せっきょくてき》に発言《はつげん》をする。／積極的《せっきょくてき》にせめて横綱《よこづな》をたおす。／弟《おとうと》の積極性《せっきょくせい》は見習《みなら》うべきところがある。

【消極《しょうきょく》】（「的《てき》」などをつけて）自分《じぶん》から進《すす》んでものごとをしないこと。例 消極的《しょうきょくてき》な態度《たいど》を改《あらた》める。／今度《こんど》の旅行《りょこう》に、両親《りょうしん》は消極的《しょうきょくてき》だ。

絶対《ぜったい》⇔相対《そうたい》

【絶対《ぜったい》】比《くら》べるものや並《なら》ぶものがないこと。例 球《たま》の速《はや》さに絶対《ぜったい》の自信《じしん》をもつ。参考 「必《かなら》ず」「決《けっ》して」の意味《いみ》でも使《つか》う。例 冷《つめ》たいものは、絶対《ぜったい》食《た》べない。

【相対《そうたい》】ほかのものごとと比《くら》べることで、成《な》り立《た》つこと。例 相対的《そうたいてき》にいえば、右《みぎ》から二《ふた》つめの作品《さくひん》がよくできている。

参考 たとえば、A《エー》選手《せんしゅ》は、マラソンの日本代表選手《にっぽんだいひょうせんしゅ》の中《なか》では足《あし》がおそい。しかし、人類《じんるい》の平均《へいきん》タイムで考《かんが》えると当然《とうぜん》トップレベルになる。相対的《そうたいてき》に見《み》るとA《エー》選手《せんしゅ》はおそいが、絶対的《ぜったいてき》に見《み》るとA《エー》選手《せんしゅ》はとても速《はや》い選手《せんしゅ》といえる。

前者《ぜんしゃ》↔後者《こうしゃ》

【前者《ぜんしゃ》】二《ふた》つのものごとを並《なら》べたり述《の》べたりしたうちの、初《はじ》めのほう。例 二《ふた》つの意見《いけん》のうち、わたしは前者《ぜんしゃ》に賛成《さんせい》だ。

【後者《こうしゃ》】二《ふた》つのものごとを並《なら》べたり述《の》べたりしたうちの、あとのほう。例 A《エー》案《あん》とB《ビー》案《あん》から、後者《こうしゃ》を選《えら》ぶ。

前進《ぜんしん》↔後進《こうしん》

【前進《ぜんしん》】前《まえ》へ進《すす》むこと。例 目的地《もくてきち》に向《む》かい前進《ぜんしん》する。／話《はな》し合《あ》いが前進《ぜんしん》した。参考 後《うし》ろに進《すす》む意味《いみ》の「後進《こうしん》」も「前進《ぜんしん》」の反対語《はんたいご》。

【後退《こうたい》】後《うし》ろへさがること。例 車《くるま》を数《すう》メートルほど後退《こうたい》させる。／発展《はってん》の可能性《かのうせい》が後退《こうたい》してしまった。

戦争《せんそう》↔平和《へいわ》

【戦争《せんそう》】戦《たたか》うこと。特《とく》に、国《くに》と国《くに》とが武器《ぶき》を使《つか》って戦《たたか》うこと。例 太平洋戦争《たいへいようせんそう》が終《お》わる。／戦争《せんそう》により国土《こくど》の半分《はんぶん》を失《うしな》う。

【平和《へいわ》】争《あらそ》いがなく、世《よ》の中《なか》がおだやかにおさまっていること。例 平和《へいわ》を心《こころ》から願《ねが》う。／世界《せかい》の平和《へいわ》のために活動《かつどう》する。

全体《ぜんたい》↔部分《ぶぶん》

【全体《ぜんたい》】体《からだ》や、あるものごとの全部《ぜんぶ》。すべて。例 文章《ぶんしょう》の全体《ぜんたい》を三《みっ》つの段落《だんらく》に分《わ》ける。／体《からだ》全体《ぜんたい》に力《ちから》があふれている。／町《まち》全体《ぜんたい》が世界遺産《せかいいさん》に登録《とうろく》された。

【部分《ぶぶん》】全体《ぜんたい》を、まとまりのあるいくつかに分《わ》けたうちの一《ひと》つ。一部《いちぶ》。例 文章《ぶんしょう》の終《お》わりの部分《ぶぶん》にまとめがある。／親指《おやゆび》の先《さき》の部分《ぶぶん》が痛《いた》い。／根《ね》の部分《ぶぶん》を食《た》べている。

先天的《せんてんてき》⇔後天的《こうてんてき》

【先天的《せんてんてき》】生《う》まれつきのものであること。生《う》まれながらの。例 先天的《せんてんてき》に運動神経《うんどうしんけい》がよい。

【後天的《こうてんてき》】生《う》まれてからのちに、身《み》についたものであること。例 妹《いもうと》の明《あか》るさは、後天的《こうてんてき》にはぐくまれたものだ。

善人《ぜんにん》⇔悪人《あくにん》

【善人《ぜんにん》】心《こころ》や行《おこな》いのよい人《ひと》。例 町《まち》の住民《じゅうみん》は、みな善人《ぜんにん》だ。／善人《ぜんにん》といわれている人《ひと》でも、あやまちをおかすことがある。

【悪人《あくにん》】心《こころ》や行《おこな》いの悪《わる》い人《ひと》。悪者《わるもの》。例 生《う》まれながらの悪人《あくにん》はいない。／正義《せいぎ》の味方《みかた》が悪人《あくにん》をこらしめるドラマを見《み》た。

増加《ぞうか》⇔減少《げんしょう》

【増加《ぞうか》】数《かず》や量《りょう》が増《ふ》えること。また、増《ふ》やすこと。例 部員《ぶいん》の数《かず》が前年《ぜんねん》より増加《ぞうか》する。／農産物《のうさんぶつ》の輸入《ゆにゅう》が増加《ぞうか》する。

【減少《げんしょう》】減《へ》って少《すく》なくなること。また、減《へ》らして少《すく》なくすること。例 村《むら》の人口《じんこう》が急激《きゅうげき》に減少《げんしょう》する。参考「増大《ぞうだい》」も「減少《げんしょう》」の反対語《はんたいご》。

争議《そうぎ》⇔和解《わかい》

【争議《そうぎ》】ちがう意見《いけん》をもつ人《ひと》が、それぞれの意見《いけん》を述《の》べて争《あらそ》うこと。例 労働《ろうどう》の条件《じょうけん》をめぐって、社員《しゃいん》と会社《かいしゃ》との間《あいだ》に争議《そうぎ》が起《お》こる。

【和解《わかい》】争《あらそ》いをやめて、仲直《なかなお》りすること。例 国境《こっきょう》をめぐる争《あらそ》いがようやく和解《わかい》した。

早春《そうしゅん》⇔晩春《ばんしゅん》

【早春《そうしゅん》】春《はる》の初《はじ》めのころ。初春《しょしゅん》。はつはる。例 早春《そうしゅん》になり、ウメのつぼみがふくらみ始《はじ》めた。

【晩春《ばんしゅん》】春《はる》の終《お》わりのころ。例 晩春《ばんしゅん》の里山《さとやま》を散歩《さんぽ》する。

増進《ぞうしん》⇔減退《げんたい》

【増進《ぞうしん》】 力《ちから》や勢《いきお》いが、まして進《すす》むこと。また、まして進《すす》めること。 例 健康《けんこう》増進《ぞうしん》のため、毎朝運動《まいあさうんどう》する。／秋《あき》になると、食欲《しょくよく》が増進《ぞうしん》する。

【減退《げんたい》】 体力《たいりょく》や意欲《いよく》などが、へっておとろえること。 例 最近《さいきん》、体力《たいりょく》が減退《げんたい》した。／不景気《ふけいき》のため、物《もの》を買《か》う意欲《いよく》が減退《げんたい》している。

祖先《そせん》⇔子孫《しそん》

【祖先《そせん》】 ❶家《いえ》の血筋《ちすじ》の最初《さいしょ》の人《ひと》。 例 祖先《そせん》は中国《ちゅうごく》から渡来《とらい》したそうだ。
❷今《いま》の家族《かぞく》より前《まえ》の代《だい》の人々《ひとびと》。 例 祖先《そせん》の墓参《はかまい》りをする。
参考 「先祖《せんぞ》」とほぼ同《おな》じ意味《いみ》。

【子孫《しそん》】 ある人《ひと》を先祖《せんぞ》として血筋《ちすじ》がつながっている人々《ひとびと》。子《こ》や孫《まご》。 例 子孫《しそん》が栄《さか》えることをいのる。 参考 「先祖《せんぞ》」も「子孫《しそん》」の反対語《はんたいご》。

続行《ぞっこう》⇔中止《ちゅうし》

【続行《ぞっこう》】 引《ひ》きつづいて行《おこな》うこと。 例 湖《みずうみ》の水質調査《すいしつちょうさ》を続行《ぞっこう》する。／調査《ちょうさ》の続行《ぞっこう》を命《めい》じる。

【中止《ちゅうし》】 ものごとを、取《と》りやめること。 例 雨《あめ》で、運動会《うんどうかい》が中止《ちゅうし》となった。／販売《はんばい》中止《ちゅうし》になった製品《せいひん》。

尊敬《そんけい》⇔軽蔑《けいべつ》

【尊敬《そんけい》】 とうとんで、うやまうこと。 例 わたしは親《おや》を尊敬《そんけい》しています。／おたがいに尊敬《そんけい》の念《ねん》をいだく。

【軽《けい》べつ（▼蔑《べつ》）】 人《ひと》をかるく見《み》たり、ばかにしたりすること。 例 軽蔑《けいべつ》のまなざしで見《み》る。／人《ひと》から軽蔑《けいべつ》されるようなことをしてはいけない。 参考 「蔑《べつ》」は、人《ひと》を見《み》くだすこと。

多勢《たぜい》⇔無勢《ぶぜい》

【多勢《たぜい》】 人数《にんずう》の多《おお》いこと。おおぜい。例 多勢《たぜい》の中《なか》に単身切《たんしんき》りこむ。／多勢《たぜい》をたのみとして、鼻息《はないき》があらい。

【無勢《ぶぜい》】 人数《にんずう》の少《すく》ないこと。例 多勢《たぜい》に無勢《ぶぜい》では、敵《てき》にかなうはずがない。

達筆《たっぴつ》 ↔ 悪筆《あくひつ》

【達筆《たっぴつ》】 字《じ》を上手《じょうず》に書《か》くこと。またその書《か》いたもの。例 達筆《たっぴつ》をふるう。／達筆《たっぴつ》な母《はは》の字《じ》をまねる。

【悪筆《あくひつ》】 字《じ》が下手《へた》なこと。または下手《へた》な字《じ》。例 その作家《さっか》は、悪筆家《あくひつか》として有名《ゆうめい》だ。／悪筆《あくひつ》のラブレターは読《よ》んでもらえない。

多量《たりょう》 ↔ 少量《しょうりょう》

【多量《たりょう》】 分量《ぶんりょう》の多《おお》いこと。大量《たいりょう》。例 発達《はったつ》した雨雲《あまぐも》が多量《たりょう》の雨《あめ》をもたらした。／出血《しゅっけつ》多量《たりょう》で重体《じゅうたい》だ。

【少量《しょうりょう》】 分量《ぶんりょう》の少《すく》ないこと。少《すこ》しの数量《すうりょう》。例 野菜《やさい》をゆでるときは、お湯《ゆ》に少量《しょうりょう》の塩《しお》を加《くわ》えるとよい。

団結《だんけつ》 ↔ 離反《りはん》

【団結《だんけつ》】 多《おお》くの人《ひと》が、ある目的《もくてき》をもって力《ちから》をあわせてまとまること。例 わがサッカーチームは団結力《だんけつりょく》が強《つよ》い。／一致《いっち》団結《だんけつ》して、国民《こくみん》が喜《よろこ》ぶ政治《せいじ》を目指《めざ》す。

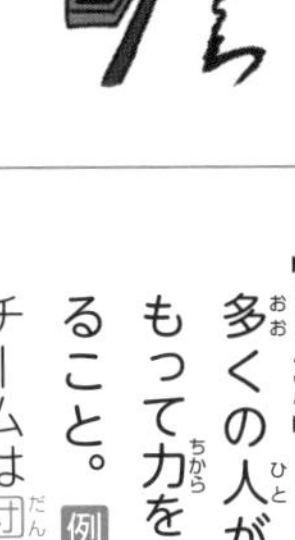

【り（離《り》）反《はん》】 それまで従《したが》っていたものや人《ひと》が、そむいてはなれること。例 政治《せいじ》への不信《ふしん》から、人々《ひとびと》の心《こころ》が離反《りはん》する。／戦《いくさ》の旗色《はたいろ》が悪《わる》くなり（＝形勢《けいせい》が不利《ふり》になり）、多《おお》くの離反者《りはんしゃ》が出《で》た。

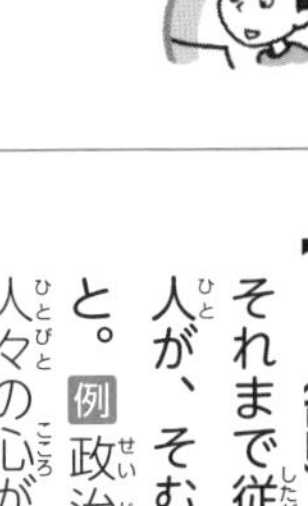

短所《たんしょ》↔長所《ちょうしょ》

【短所《たんしょ》】性質《せいしつ》などの、おとっているところ。欠点《けってん》。例 おこりっぽいところがかれの短所《たんしょ》だ。／短所《たんしょ》を直《なお》すよう努力《どりょく》する。

【長所《ちょうしょ》】性質《せいしつ》などの、すぐれているところ。よいところ。とりえ。例 歌《うた》がうまいという長所《ちょうしょ》をいかして、歌手《かしゅ》になった。／長所《ちょうしょ》をのばす教育《きょういく》。

単数《たんすう》↔複数《ふくすう》

【単数《たんすう》】ものの数《かず》が一《ひと》つであること。例 その商品《しょうひん》の注文《ちゅうもん》は、単数《たんすう》であっても可能《かのう》である。

【複数《ふくすう》】二《ふた》つ以上《いじょう》の数《かず》。例 複数《ふくすう》の人《ひと》の意見《いけん》を聞《き》いてから決《き》める。／複数《ふくすう》の地域《ちいき》から留学生《りゅうがくせい》が集《あつ》まった。

着陸《ちゃくりく》↔離陸《りりく》

【着陸《ちゃくりく》】飛行機《ひこうき》などが、空《そら》から地上《ちじょう》におりること。着地《ちゃくち》。例 飛行《ひこう》機《き》が着陸体勢《ちゃくりくたいせい》に入《はい》った。／宇宙船《うちゅうせん》が月面《げつめん》に着陸《ちゃくりく》する。

【り（離《り》）陸《りく》】飛行機《ひこうき》などが、地上《ちじょう》から空《そら》へと飛《と》び立《た》つこと。例 離陸《りりく》時《じ》は、かならず電子機器《でんしきき》を切《き》らなくてはならない。／離陸《りりく》した飛行機《ひこうき》を空港《くうこう》から見送《みおく》る。

中央《ちゅうおう》↔地方《ちほう》／末端《まったん》

【中央《ちゅうおう》】❶まん中《なか》。中心《ちゅうしん》。例 広場《ひろば》の中央《ちゅうおう》に時計台《とけいだい》が建《た》っている。／駅《えき》の南口改札《みなみぐちかいさつ》ではなく、中央口改札《ちゅうおうぐちかいさつ》で待《ま》ち合《あ》わせよう。❷ある国《くに》で政府《せいふ》が置《お》かれている土地《とち》。首都《しゅと》。例 東京《とうきょう》に中央官庁《ちゅうおうかんちょう》が集中《しゅうちゅう》している。／中央政府《ちゅうおうせいふ》の見解《けんかい》が発表《はっぴょう》される。

【地方《ちほう》】首都《しゅと》から離《はな》れたところ。例 地方《ちほう》では過疎化《かそか》が進《すす》んでいる。／市議会《しぎかい》で地方税《ちほうぜい》の使《つか》い道《みち》を検討《けんとう》する。／国《くに》の将来《しょうらい》には、地方自治体《ちほうじちたい》の役割《やくわり》が重要《じゅうよう》だ。参考「中央《ちゅうおう》❷」の反対語《はんたいご》。

【末《まっ》たん（端《たん》）】

対義語（反対語）
意味がはんたいのことば

もののはしの部分《ぶぶん》。そこから、集団《しゅうだん》において中心的《ちゅうしんてき》な役《やく》割《わり》から最《もっと》もはなれた部分《ぶぶん》。最下位《さいかい》の人《ひと》。例 体《からだ》の末端《まったん》が冷《ひ》える。／末端《まったん》にまで連絡《れんらく》が行《い》きわたる。／末端価格《まったんかかく》（＝ものをつくるお金《かね》に、輸送費《ゆそうひ》などのさまざまな費用《ひよう》が加《か》算《さん》されて、最終的《さいしゅうてき》に消費者《しょうひしゃ》の手《て》にわたるときの価格《かかく》）。

参考 「中央《ちゅうおう》❶」の反対語《はんたいご》。

直接《ちょくせつ》↔間接《かんせつ》

【直接《ちょくせつ》】 間《あいだ》にほかのものを置《お》かないで関係《かんけい》していること。じか。例 友《とも》だちを通《つう》じて借《か》りた本《ほん》を、直接《ちょくせつ》本《ほん》の持《も》ち主《ぬし》に返《かえ》す。

【間接《かんせつ》】 間《あいだ》にほかのものを置《お》いて関《かん》係《けい》していること。例 間接的《かんせつてき》に聞《き》いた話《はなし》を自分《じぶん》が見《み》たかのように話《はな》す。

天才《てんさい》↔凡才《ぼんさい》

【天才《てんさい》】 天《てん》からあたえられた、才能《さいのう》。生《う》まれつきのすぐれた能力《のうりょく》。またその人《ひと》。非凡《ひぼん》。例 その少年《しょうねん》は、天才《てんさい》ピアニストと呼《よ》ばれている。／天才的《てんさいてき》な能力《のうりょく》を発揮《はっき》する。

【ぼん（凡《ぼん》）才《さい》】 平凡《へいぼん》で、特《とく》にすぐれたところのない才能《さいのう》。またその人《ひと》。例 凡才《ぼんさい》でも努力《どりょく》すれば、出世《しゅっせ》は可能《かのう》だ。

天災《てんさい》↔人災《じんさい》

【天災《てんさい》】 地震《じしん》・かみなり・台風《たいふう》など、自然《しぜん》の変化《へんか》によってもたらされる災難《さいなん》。例 天災《てんさい》は忘《わす》れたころにやってくるので、日々《ひび》の備《そな》えが必要《ひつよう》だ。／この地方《ちほう》はふたたび天災《てんさい》に見《み》舞われた。

【人災《じんさい》】 人《ひと》の不注意《ふちゅうい》によってひきおこされた災害《さいがい》。例 この事故《じこ》は、政府《せいふ》の対応《たいおう》ミスによる人災《じんさい》だ。

点線《てんせん》↔実線《じっせん》

【点線《てんせん》】 いくつもの点《てん》を並《なら》べて線《せん》のようにしたもの。またその線《せん》。例 点線《てんせん》をなぞる。／点線部分《てんせんぶぶん》を切《き》り取《と》る。

【実線《じっせん》】

切《き》れ目《め》なく連続《れんぞく》する線《せん》。例 点《てん》と点《てん》を実線《じっせん》で結《むす》ぶ。

コラム　対義語《たいぎご》は同義語《どうぎご》？

「右《みぎ》」の反対《はんたい》は「左《ひだり》」、「上《うえ》」の反対《はんたい》は「下《した》」です。では、「妹《いもうと》」の反対《はんたい》は何《なん》でしょうか？

「弟《おとうと》」と答《こた》えた人《ひと》も「姉《あね》」と答《こた》えた人《ひと》も、正解《せいかい》です。兄弟姉妹《きょうだいしまい》の中《なか》に、自分《じぶん》より年下《としした》で考《かんが》えれば「妹《いもうと》」の対《つい》になるのは「弟《おとうと》」ですし、女《おんな》の子《こ》どもと考《かんが》えれば「妹《いもうと》」の対《つい》になるのは「姉《あね》」です。実《じつ》は、反対語《はんたいご》とは、同《おな》じ仲間《なかま》のことばで対《つい》になるもののことなのです。

「上《うえ》」と「下《した》」は縦方向《たてほうこう》で共通点《きょうつうてん》があり、その中《なか》で対《つい》になっています。「高《たか》い」と「低《ひく》い」は地面《じめん》より上《うえ》の長《なが》さという点《てん》で対《つい》になっていますし、「深《ふか》い」と「浅《あさ》い」は地面《じめん》より下《した》の長《なが》さという点《てん》で対《つい》になっています。

では、「赤《あか》」の反対《はんたい》は何《なん》でしょう？　運動会《うんどうかい》で考《かんが》えるか、信号機《しんごうき》で考《かんが》えるか——見方《みかた》を変《か》えると、対《つい》になる色《いろ》が変《か》わってきます。

登《とう》校《こう》↔下《げ》校《こう》

【登校《とうこう》】
授業《じゅぎょう》を受《う》けるために学校《がっこう》へ行《い》くこと。例 ねぼうしたので、大急《おおいそ》ぎで登校《とうこう》する。／家《いえ》から二十分《にじっぷん》歩《ある》いて登校《とうこう》する。

【下校《げこう》】
授業《じゅぎょう》が終《お》わって学校《がっこう》から帰《かえ》ること。例 下校《げこう》の時刻《じこく》を知《し》らせる音楽《おんがく》が鳴《な》りひびく。／近所《きんじょ》の友《とも》だちと連《つ》れ立《だ》って下校《げこう》する。

当《とう》選《せん》／入《にゅう》選《せん》↔落《らく》選《せん》

【当選《とうせん》】
選挙《せんきょ》で選《えら》ばれること。例 おじが市議会議員《しぎかいぎいん》の選挙《せんきょ》で当選《とうせん》した。参考「くじに当《あ》たること」の意味《いみ》もある。

【入選《にゅうせん》】
作品《さくひん》などが、審査《しんさ》に合格《ごうかく》すること。選《せん》に入《はい》ること。例 展覧会《てんらんかい》に応募《おうぼ》した絵《え》が入選《にゅうせん》した。／一等《いっとう》で入選《にゅうせん》した作品《さくひん》が、雑誌《ざっし》に掲載《けいさい》される。参考「審査《しんさ》」に関《かん》していうときに使《つか》う。

【落選《らくせん》】
選挙《せんきょ》や審査《しんさ》で選《えら》ばれないこと。例 委員長《いいんちょう》の選挙《せんきょ》で落選《らくせん》した。／何度《なんど》落選《らくせん》しても、めげずに作品《さくひん》を作《つく》り続《つづ》けた。／自信作《じしんさく》を応募《おうぼ》したが、おしくも落選《らくせん》した。参考「当落線《とうらくせん》上《じょう》」は、当選《とうせん》するか落選《らくせん》するかのすれすれのところ。例 いまだ当落線上《とうらくせんじょう》にあり、予断《よだん》を許《ゆる》さない。

動《どう》脈《みゃく》↔静《じょう》脈《みゃく》

【動脈《どうみゃく》】心臓《しんぞう》から、体《からだ》の各部分《かくぶぶん》に送《おく》り出《だ》す血液《けつえき》のくだ。例 動脈《どうみゃく》に血《ち》のかたまりができた。参考「物《もの》や情報《じょうほう》を輸送《ゆそう》する重要《じゅうよう》な道《みち》」の意味《いみ》もある。例 地震《じしん》によって、交通《こうつう》の大動脈《だいどうみゃく》がとぎれた。

【じょう（◆静《じょう》）脈《みゃく》】血液《けつえき》を体《からだ》の各部分《かくぶぶん》から、心臓《しんぞう》に送《おく》り出《だ》す血液《けつえき》のくだ。例 静脈《じょうみゃく》に注射《ちゅうしゃ》を打《う》つ。

東洋《とうよう》↔西洋《せいよう》

【東洋《とうよう》】❶アジア。❷日本《にっぽん》や中国《ちゅうごく》など、アジアの東《ひがし》の方《ほう》の国々《くにぐに》。例 東洋《とうよう》の民《みん》族《ぞく》ぶようを研究《けんきゅう》する。／ヨーロッパで、東洋《とうよう》の美術《びじゅつ》への関心《かんしん》が高《たか》まる。／東洋医学《とうよういがく》を学《まな》ぶ。

【西洋《せいよう》】日本《にっぽん》や中国《ちゅうごく》などから見《み》て、ヨーロッパやアメリカの国々《くにぐに》のこと。例 学問《がくもん》、芸術《げいじゅつ》など、西洋《せいよう》の文化《ぶんか》を広《ひろ》く取《と》り入《い》れる。

都会《とかい》↔田舎《いなか》

【都会《とかい》】たくさんの人《ひと》が住《す》み、商工業《しょうこうぎょう》がさかえ、文化《ぶんか》の中心《ちゅうしん》となっている大《おお》きな町《まち》。都市《とし》。例 都会《とかい》は、人種《じんしゅ》のるつぼだ。／都会的《とかいてき》な女性《じょせい》にあこがれる。

【いなか（田舎《いなか》）】❶都会《とかい》からはなれた地方《ちほう》。人口《じんこう》が少《すく》なく、田畑《たはた》や山林《さんりん》が多《おお》い土地《とち》。例 田舎《いなか》の小学校《しょうがっこう》へ転校《てんこう》する。❷生《う》まれ育《そだ》ったところ。ふるさと。故郷《こきょう》。例 夏休《なつやす》みは父《ちち》の田舎《いなか》に行《い》く予定《よてい》だ。

得意《とくい》↔苦手《にがて》

【得意《とくい》】よくなれていて上手《じょうず》なこと。例 ぼくは体育《たいいく》が得意《とくい》だ。参考「得手《えて》」も「苦手《にがて》」の反対語《はんたいご》。

【苦手《にがて》】自信《じしん》がなく、よくできないこと。例 算数《さんすう》の応用問題《おうようもんだい》が苦手《にがて》だ。／苦手《にがて》なチームと対戦《たいせん》することになった。参考「不得意《ふとくい》」も「得意《とくい》」の反対語《はんたいご》。

特殊《とくしゅ》↔一般《いっぱん》

【特《とく》しゅ（殊《しゅ》）】ふつうのこととは異《こと》なっていること。特別《とくべつ》であること。

例 特殊《とくしゅ》な機械《きかい》が必要《ひつよう》だ。／特殊《とくしゅ》な材料《ざいりょう》を使《つか》った料理《りょうり》。

【一《いっ》ぱん（般《ぱん》）】

ふつうであること。ありふれていること。例 一般《いっぱん》の常識《じょうしき》を身《み》につける。／政治家《せいじか》は一般《いっぱん》市民《しみん》の声《こえ》に耳《みみ》をかたむけなくてはならない。

独創《どくそう》⇔模倣《もほう》

【独創《どくそう》】

人《ひと》のまねをしないで、自分《じぶん》の考《かんが》えで新《あたら》しいものをつくり出《だ》すこと。例 独創性《どくそうせい》にとんだ作品《さくひん》を数多《かずおお》く発表《はっぴょう》する。


【模《も》ほう（倣《ほう》）】

まねること。似《に》せること。例 人《ひと》の作品《さくひん》を模倣《もほう》してはいけない。／外国製品《がいこくせいひん》を模倣《もほう》したにせものが出回《でまわ》っている。

特別《とくべつ》⇔普通《ふつう》

【特別《とくべつ》】

ほかのものとはちがって区《く》別《べつ》されるようす。例 特別《とくべつ》のメニューでお客様《きゃくさま》をもてなす。／今日《きょう》の暑《あつ》さは特別《とくべつ》だ。


【ふ（普《ふ》）通《つう》】

❶特《とく》に変《か》わったところのないこと。例 国語《こくご》の成績《せいせき》は良《よ》くも悪《わる》くもなく普通《ふつう》だ。／いつも食《た》べている普通《ふつう》どおりのご飯《はん》。
❷たいてい。例 学校《がっこう》は普《ふ》通《つう》、八時半《はちじはん》ごろに始《はじ》まる。

鈍感《どんかん》⇔敏感《びんかん》

【どん（鈍《どん》）感《かん》】

ものごとに対《たい》する感《かん》じ方《かた》が、にぶいこと。気《き》がきかないこと。例 他人《たにん》の気持《きも》ちに鈍感《どんかん》な人《ひと》。／かぜをひいたので、においに鈍感《どんかん》になっている。


【びん（敏《びん》）感《かん》】

ものごとに対《たい》する感《かん》じ方《かた》が、するどいこと。小《ちい》さなことでもすばやく感《かん》じ取《と》ること。例 南国《なんごく》生《う》まれの動物《どうぶつ》は、寒《さむ》さに敏感《びんかん》だ。／敏感《びんかん》なはだなので、すぐにあれてしまう。

内容《ないよう》⇔形式《けいしき》

【内容《ないよう》】

文章《ぶんしょう》や話《はなし》などであらわされた事柄《ことがら》。例 この文章《ぶんしょう》は、長《なが》いだけで内容《ないよう》にとぼしい。／その本《ほん》の内容《ないよう》を簡単《かんたん》に説明《せつめい》してください。参考「中《なか》に入《はい》っているもの」の意味《いみ》もある。例 ビンの内容物《ないようぶつ》を調《しら》べる。／小包《こづつみ》を送《おく》るときには、内容《ないよう》を記入《きにゅう》しなくてはいけません。

【形式《けいしき》】外《そと》から見《み》た形《かたち》。見《み》かけ。例 形式《けいしき》にこだわる。参考「一定《いってい》のやり方《かた》」の意味《いみ》もある。例 形式《けいしき》を整《ととの》えて届《とど》け出《で》を出《だ》す。「形式的《けいしきてき》」は、内容《ないよう》よりも形《かたち》を重《おも》く見《み》るようす。「なおざり」の意味《いみ》をふくむ。「形式的《けいしきてき》」の反対語《はんたいご》は、「実質的《じっしつてき》」になる。

入院《にゅういん》↔退院《たいいん》

【入院《にゅういん》】病気《びょうき》やけがを治《なお》すために病院《びょういん》に入《はい》ること。例 父《ちち》が骨折《こっせつ》して入院《にゅういん》した。／入院《にゅういん》している友《とも》だちの見《み》まいに行《い》く。

【退院《たいいん》】病気《びょうき》やけがが治《なお》って病院《びょういん》を出《で》ること。例 母《はは》は今週《こんしゅう》の土曜《どよう》日《び》に退院《たいいん》する。／退院《たいいん》できると知《し》って、みなが喜《よろこ》ぶ。

入学《にゅうがく》↔卒業《そつぎょう》

【入学《にゅうがく》】生徒《せいと》・学生《がくせい》として、学校《がっこう》に入《はい》ること。例 弟《おとうと》は来年《らいねん》、小学《しょうがっ》校《こう》に入学《にゅうがく》する。／中学生《ちゅうがくせい》になる姉《あね》は、入学《にゅうがく》の準備《じゅんび》にいそがしい。

【卒業《そつぎょう》】決《き》められた学課《がっか》をすべて学《まな》び終《お》えて、学校《がっこう》を出《で》ること。例 兄《あに》が今年《ことし》、中学校《ちゅうがっこう》を卒業《そつぎょう》する。／卒業《そつぎょう》を記念《きねん》して文集《ぶんしゅう》を作《つく》る。

入場《にゅうじょう》↔退場《たいじょう》

【入場《にゅうじょう》】会場《かいじょう》・式場《しきじょう》・競技場《きょうぎじょう》などに入《はい》ること。例 花《はな》よめ・花《はな》むこの入場《にゅうじょう》を、拍手《はくしゅ》でむかえる。／行進曲《こうしんきょく》に合《あ》わせて、選手《せんしゅ》が入場《にゅうじょう》する。

【退場《たいじょう》】会場《かいじょう》・式場《しきじょう》・競技場《きょうぎじょう》・舞台《ぶたい》などから立《た》ち去《さ》ること。例 審判《しんぱん》から退場《たいじょう》を言《い》いわたされる。／おどりながら、舞台《ぶたい》から退場《たいじょう》する。

濃厚《のうこう》↔淡泊《たんぱく》

【のうこう（濃《▼のう》厚《◆こう》）】味《あじ》や色《いろ》、においなどがこいようす。例 濃厚《のうこう》なソースのかかった焼《や》きそばが人気《にんき》だ。／しぼりたての牛乳《ぎゅうにゅう》は、と

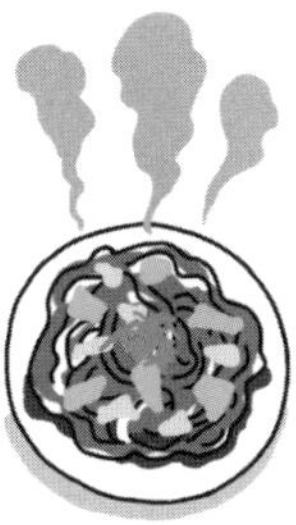

ても濃厚《のうこう》でおいしい。／その庭《にわ》にはバラの濃厚《のうこう》なかおりが、ただよっていた。


【たんぱく（淡▼泊《たんぱく》）】

味《あじ》や色《いろ》などが、あっさりしていること。例 淡泊《たんぱく》な味《あじ》わいの料理《りょうり》。／淡泊《たんぱく》な色合《いろあ》いの服《ふく》をこのむ。

能動《のうどう》↔受動《じゅどう》

【能動《のうどう》】

受《う》け身《み》ではなく、自《みずか》らほかに働《はたら》きかけること。例 勉強《べんきょう》に能動的《のうどうてき》に取《と》り組《く》む。／能動的《のうどうてき》なふるまいを心《こころ》がける。


【受動《じゅどう》】

ほかから働《はたら》きかけられること。受《う》け身《み》。例 受動的《じゅどうてき》に聞《き》くだけでなく、手《て》を動《うご》かす。／受動《じゅどう》きつえんが問題視《もんだいし》されている。

必要《ひつよう》↔不要《ふよう》

【必要《ひつよう》】

どうしてもいること。なくてはならないこと。例 旅行《りょこう》に必要《ひつよう》なものをそろえる。／成績《せいせき》を上《あ》げるためには、いっそうの努力《どりょく》が必要《ひつよう》だ。


【不要《ふよう》】

いらないこと。なくてもかまわないこと。例 かさは不要《ふよう》なので持《も》たずに出《で》かける。／作《つく》り方《かた》は箱《はこ》に書《か》いてあるので、説明《せつめい》は不要《ふよう》だ。

否定《ひてい》↔肯定《こうてい》

【否定《ひてい》】

そうではないと打《う》ち消《け》すこと。例 チームが解散《かいさん》するといううわさを否定《ひてい》する。／不正《ふせい》な行《おこな》いをした事実《じじつ》はないと否定《ひてい》する。／研究者《けんきゅうしゃ》の発表《はっぴょう》を、否定的《ひていてき》に見《み》る。


【こう（▼肯《こう》）定《てい》】

そのとおりであると認《みと》めること。例 主役《しゅやく》を降《お》りるといううわさを肯定《こうてい》する。／友《とも》だちの言《い》うことは事実《じじつ》であると肯定《こうてい》する。／肯定的《こうていてき》な意見《いけん》。

開《ひら》く↔閉《と》じる

【開《ひら》く】

❶あける。広《ひろ》げる。また、あく。広《ひろ》がる。例窓《まど》を大《おお》きく開《ひら》く。／サクラのつぼみが開《ひら》く。
❷始《はじ》める。例駅前《えきまえ》に新《あたら》しい店《みせ》を開《ひら》く。

【閉《と》じる】
❶しめる。ふさぐ。また、しまる。ふさがる。例居間《いま》のカーテンを閉《と》じる。／目《め》を閉《と》じる。参考「閉《と》じる」は、「開《あ》ける」の反対語《はんたいご》でもある。
❷終《お》わりにする。例集会《しゅうかい》を閉《と》じる。

増《ふ》える↕減《へ》る

【増《ふ》える】

数《かず》や量《りょう》が多《おお》くなる。例班《はん》の人数《にんずう》が増《ふ》える。／大雨《おおあめ》で川《かわ》の水《みず》かさが増《ふ》える。参考財産《ざいさん》がふえるときは「殖《ふ》える」と書《か》くことが多《おお》い。


【減《へ》る】

数《かず》や量《りょう》が少《すく》なくなる。例少子化《しょうしか》で子《こ》どもの数《かず》が減《へ》る。／いそがしくて、すいみん時間《じかん》が減《へ》る。

文語《ぶんご》↕口語《こうご》

【文語《ぶんご》】

昔《むかし》の文章《ぶんしょう》を書《か》くときに使《つか》う、日常《にちじょう》の話《はな》しことばとはちがうことば。例文語体《ぶんごたい》で書《か》かれている物語《ものがたり》を読《よ》む。／徳川《とくがわ》家康《いえやす》の手紙《てがみ》は文語《ぶんご》で書《か》かれている。


【口語《こうご》】

日常《にちじょう》に話《はな》すときに使《つか》われることば。話《はな》しことば。例口語《こうご》は時代《じだい》とともに変化《へんか》する。／明治時代《めいじじだい》に、口語体《こうごたい》で小説《しょうせつ》が書《か》かれるようになった。

分散《ぶんさん》↕集中《しゅうちゅう》

【分散《ぶんさん》】

わかれて、ばらばらに散《ち》らばること。例風《かぜ》がふくと、花粉《かふん》がいっせいに分散《ぶんさん》した。／三台《さんだい》のバスに分散《ぶんさん》して乗《の》る。／車《くるま》が分散《ぶんさん》してじゅうたいが解消《かいしょう》した。

【集中《しゅうちゅう》】
一《ひと》つのところに集《あつ》めること。また集《あつ》まること。例試《し》験開始前《けんかいしまえ》に、神経《しんけい》を集中《しゅうちゅう》する。／大都市《だいとし》に人口《じんこう》が集中《しゅうちゅう》する。／交差点《こうさてん》に車《くるま》が集中《しゅうちゅう》する。

平凡《へいぼん》⇔非凡《ひぼん》

【平《へい》ぼん（凡《ぼん》）】 ありふれていること。特《とく》にすぐれたところもなく、ふつうであること。例 平凡《へいぼん》な日常《にちじょう》。

【非《ひ》ぼん（凡《ぼん》）】 特《とく》にすぐれていること。例 非凡《ひぼん》な才能《さいのう》。

便利《べんり》⇔不便《ふべん》

【便利《べんり》】 都合《つごう》がよいこと。役《やく》に立《た》つこと。例 近所《きんじょ》に商店街《しょうてんがい》があるので便利《べんり》だ。／生活《せいかつ》に便利《べんり》な道具《どうぐ》を買《か》いそろえる。

【不便《ふべん》】 都合《つごう》がよくないこと。自由《じゆう》がきかないこと。例 おばの家《いえ》は駅《えき》から遠《とお》くて不便《ふべん》だ。／停電《ていでん》で、二日間《ふつかかん》も不便《ふべん》な生活《せいかつ》をした。

保守《ほしゅ》⇔革新《かくしん》

【保守《ほしゅ》】 今《いま》までの考《かんが》え方《かた》やり方《かた》を守《まも》って、変《か》えようとしないこと。例 祖父《そふ》は何事《なにごと》に対《たい》しても考《かんが》え方《かた》が保守的《ほしゅてき》だ。

【革新《かくしん》】 今《いま》までのやり方《かた》や考《かんが》え方《かた》を変《か》えて、新《あたら》しくすること。例 よい製品《せいひん》を作《つく》るため、技術《ぎじゅつ》の革新《かくしん》に力《ちから》を入《い》れる。

守《まも》る⇔攻《せ》める

【守《まも》る】 ほかから害《がい》を受《う》けないように防《ふせ》ぐ。例 ゴールキーパーが必死《ひっし》でゴールを守《まも》る。／城《しろ》を守《まも》る兵士《へいし》が配置《はいち》につく。

【せめる（攻《せ》める）】 戦《たたか》いをしかける。こうげきする。例 逆転《ぎゃくてん》の勢《いきお》いに乗《の》って一気《いっき》に攻《せ》める。／空《そら》と陸《りく》の両方《りょうほう》から攻《せ》める。

無機《むき》⇔有機《ゆうき》

【無機《むき》】 生《い》きていく働《はたら》きをもっていないこと。例 水《みず》や空気《くうき》などを無機物《むきぶつ》という。／大学《だいがく》で無機化学《むきかがく》を研究《けんきゅう》する。

【有機《ゆうき》】 生命力《せいめいりょく》をもっていること。生《い》きていく働《はたら》きをもってい

ること。例 化学肥料《かがくひりょう》を使《つか》わずにつくった農作物《のうさくぶつ》を、有機《ゆうき》野菜《やさい》という。／宇宙《うちゅう》にはどんな有機物《ゆうきぶつ》があるか、研究《けんきゅう》する。

無限《むげん》↔有限《ゆうげん》

【無限《むげん》】 限《かぎ》りのないこと。終《お》わりのないこと。またそのようす。例 宇宙《うちゅう》は、まるで無限《むげん》に広《ひろ》がっているようだ。／子《こ》どもには無限《むげん》の可能性《かのうせい》がある。

【有限《ゆうげん》】 限《かぎ》りのあること。終《お》わりがあること。例 資源《しげん》は有限《ゆうげん》なので、大事《だいじ》に使《つか》わなければならない。／有限《ゆうげん》な命《いのち》を、一日一日《いちにちいちにち》大切《たいせつ》に生《い》きる。

野党《やとう》↔与党《よとう》

【野党《やとう》】 政権《せいけん》を担当《たんとう》していない政党《せいとう》。例 野党《やとう》の反対《はんたい》によって、新《あたら》しい法案《ほうあん》の可決《かけつ》は見送《みおく》られた。／各野党《かくやとう》の党首《とうしゅ》が会談《かいだん》を行《おこな》う。参考 「野《や》」は、朝廷《ちょうてい》・政府《せいふ》の反対《はんたい》を指《さ》すことばで、「民間《みんかん》」の意味《いみ》。

【よ（与《よ》）党《とう》】 政権《せいけん》を担当《たんとう》している政党《せいとう》。例 この選挙《せんきょ》で、与党《よとう》はおおばに議席《ぎせき》を失《うしな》った。／与党《よとう》と野党《やとう》が協力《きょうりょく》して、国《くに》の大事《だいじ》に立《た》ち向《む》かう。参考 「与《よ》」は、「力《ちから》を合《あ》わせる」「仲間《なかま》になる」の意味《いみ》。政府《せいふ》を支《ささ》える仲間《なかま》の集《あつ》まりのこと。また「与野党《よやとう》」は「与党《よとう》と野党《やとう》」のこと。「野与党《やよとう》」とは言《い》わない。

有利《ゆうり》↔不利《ふり》

【有利《ゆうり》】 都合《つごう》がよいようす。例 試合《しあい》を有利《ゆうり》に進《すす》める。

【不利《ふり》】 立場《たちば》や条件《じょうけん》が悪《わる》いようす。例 不利《ふり》な状況《じょうきょう》になってもあわてず、反撃《はんげき》の機会《きかい》をうかがう。

輸入《ゆにゅう》↔輸出《ゆしゅつ》

【輸入《ゆにゅう》】 外国《がいこく》から品物《しなもの》や技術《ぎじゅつ》などを買《か》い入《い》れること。例 エネルギー源《げん》としての石油《せきゆ》を輸入《ゆにゅう》にたよる。／アメリカから小《こ》麦《むぎ》を輸入《ゆにゅう》する。

【輸出《ゆしゅつ》】

外国《がいこく》に品物《しなもの》や技術《ぎじゅつ》などを売《う》ること。例 精密機械《せいみつきかい》や自動車《じどうしゃ》を外国《がいこく》に輸出《ゆしゅつ》する。参考「輸出入《ゆしゅつにゅう》」は「輸出《ゆしゅつ》と輸入《ゆにゅう》」のこと。

予算《よさん》↔決算《けっさん》

【予算《よさん》】収入《しゅうにゅう》や支出《ししゅつ》を、前《まえ》もって見積《みつ》もること。また、その金額《きんがく》。例 国会《こっかい》で、今年度《こんねんど》のわが国《くに》の予算《よさん》を立《た》てる。／その雑誌《ざっし》を買《か》うと、今月《こんげつ》のおこづかいの予算《よさん》をオーバーしてしまう。

【決算《けっさん》】ある期間内《きかんない》の収入《しゅうにゅう》と支出《ししゅつ》を、まとめて計算《けいさん》すること。例 毎年《まいとし》、決算《けっさん》を行《おこな》う時期《じき》は非常《ひじょう》にいそがしい。／町内会《ちょうないかい》の決算報告《けっさんほうこく》を行《おこな》う。

予習《よしゅう》↔復習《ふくしゅう》

【予習《よしゅう》】まだ習《なら》っていないところを、前《まえ》もって勉強《べんきょう》すること。例 明日《あす》の授業《じゅぎょう》の予習《よしゅう》をする。／予習《よしゅう》しておいたので、今日《きょう》の授業《じゅぎょう》の内容《ないよう》がよくわかった。

【復習《ふくしゅう》】一度習《いちどなら》ったことを、くり返《かえ》して勉強《べんきょう》すること。おさらい。例 毎日復習《まいにちふくしゅう》しておけば、テストの前《まえ》でもあせらなくてすむ。／外国語《がいこくご》を身《み》につけるには、日々《ひび》の復習《ふくしゅう》が重要《じゅうよう》だ。

楽観《らっかん》↔悲観《ひかん》

【楽観《らっかん》】うまくいくと考《かんが》えて、心配《しんぱい》しないこと。都合《つごう》のよいほうに考《かんが》えること。例 争《あらそ》いは、じきに収《おさ》まると楽観《らっかん》している。／決勝《けっしょう》トーナメントへの進出《しんしゅつ》は楽観《らっかん》できない。／未来《みらい》を楽観的《らっかんてき》にとらえる。／今《いま》の状況《じょうきょう》が安定《あんてい》しているからといって、楽観視《らっかんし》してはいけない。

ヤッター!!
まだ半分もある

【悲観《ひかん》】思《おも》うようにならなくて、希望《きぼう》を失《うしな》ったり、悪《わる》い方向《ほうこう》に考《かんが》えること。例 兄《あに》は進級《しんきゅう》テストに落《お》ちて悲観《ひかん》している。／予選《よせん》に落《お》ちて悲観《ひかん》する選手《せんしゅ》たちをはげます。／悲観的《ひかんてき》にものごとを考《かんが》えるくせがある。

ガーン!!
もう半分しかない

利益《りえき》↔損失《そんしつ》／損害《そんがい》

【利益《りえき》】❶もうけ。得《とく》。例 ラーメンを売《う》って、一日《いちにち》に約五万円《やくごまんえん》の利益《りえき》を得る。
❷役《やく》に立《た》つこと。ためになること。例 国民《こくみん》の利益《りえき》を最優《さいゆう》先《せん》して、政治《せいじ》に取《と》り組《く》む。／図書館《としょかん》への本《ほん》の寄贈《きぞう》は、学《がく》生《せい》の利益《りえき》につながる。／新《あたら》しい歩道橋《ほどうきょう》をつくって、地域《ちいき》住民《じゅうみん》の利益《りえき》をはかる。

【損失《そんしつ》】大切《たいせつ》な人《ひと》やものを失《うしな》うこと。損《そん》をすること。例 会社《かいしゃ》の年《ねん》間《かん》の損失《そんしつ》が一億円《いちおくえん》に上《のぼ》る。／かれの退団《たいだん》は、チームにとって大《おお》きな損失《そんしつ》だ。

【損害《そんがい》】こわれたり失《うしな》ったりして、損《そん》をすること。例 大雨《おおあめ》により、町《まち》はひどい損害《そんがい》を受《う》けた。／株《かぶ》の取《と》り引《ひ》きに失敗《しっぱい》して、損害《そんがい》を出《だ》した。／大事《だいじ》な客《きゃく》を失《うしな》って、店《みせ》にとっては大損《だいそん》害《がい》だ。参考 事件《じけん》や災害《さいがい》によって受《う》ける損《そん》という意味《いみ》をふくむ。

理論《りろん》⇔応用《おうよう》／実践《じっせん》

【理論《りろん》】あるものごとについての筋道《すじみち》が通《とお》った考《かんが》え。例 アインシュタインの相対性理論《そうたいせいりろん》。／タイムマシンは理論上《りろんじょう》は作《つく》れるが、実現《じつげん》は不可能《ふかのう》だ。

【応用《おうよう》】理屈《りくつ》や知識《ちしき》を、実際《じっさい》の事柄《ことがら》にあてはめて、使《つか》うこと。例 算数《さんすう》の応用問題《おうようもんだい》を解《と》く。／日本料理《にほんりょうり》の技術《ぎじゅつ》を中国料理《ちゅうごくりょうり》に応用《おうよう》する。

【実《じっ》せん（▼践《せん》）】考《かんが》えたことや言《い》ったことを実際《じっさい》に行《おこな》うこと。例 児童会《じどうかい》で決《き》めた美化運動《びかうんどう》を実践《じっせん》する。／なやんでばかりいないで、実践《じっせん》あるのみ。

コラム 反対《はんたい》のことわざ・四字熟語《よじじゅくご》

みなさんがよく知《し》っている「ことわざ」や「四字熟語《よじじゅくご》」でも、反対《はんたい》のことを言《い》っているものがあります。いっしょに覚《おぼ》えておきましょう。

石橋《いしばし》をたたいて渡《わた》る ↔ 危《あぶ》ない橋《はし》を渡《わた》る

【石橋《いしばし》をたたいて渡《わた》る】

あやまりをおかさないように、非常《ひじょう》に用心深《ようじんぶか》く行動《こうどう》することのたとえ。**参考** じょうぶな石《いし》の橋《はし》でも、こわれないかとたたいて確《たし》かめてから渡《わた》るということから。

【危《あぶ》ない橋《はし》を渡《わた》る】

危《あぶ》ないと知《し》っていながら、おこなう。

一石二鳥 ↔ あぶはち取《と》らず

【一石二鳥《いっせきにちょう》】

一《ひと》つのことをして、二《ふた》つの得《とく》をすること。**参考** 一《ひと》つの石《いし》で二羽《にわ》の鳥《とり》を落《お》とすという西洋《せいよう》のことわざから。

【あぶはち取《と》らず】

二《ふた》つのものを一度《いちど》に手《て》に入《い》れようとして、どちらも手《て》に入《い》れられないことのたとえ。**参考** あぶとはちを両方《りょうほう》とも一度《いちど》につかまえようとして、どちらもつかまえられないということから。

第《だい》3章《しょう》

読《よ》みで意《い》味《み》が変《か》わることば

頭数 あたまかず・とうすう

【あたまかず】人数《にんずう》。何《なに》かをするのに必要《ひつよう》な人《ひと》の数《かず》。例 サッカーをするのに頭数《あたまかず》をそろえる。／頭数《あたまかず》が足《た》りない。

【とうすう】一頭《いっとう》・二頭《にとう》……と数《かぞ》える、（大《おお》きい）動物《どうぶつ》の数《かず》。例 牧《ぼく》場《じょう》にいる牛《うし》の頭数《とうすう》。

一時 いちじ・いっとき・ひととき

【いちじ】あるとき。しばらく。時刻《じこく》のひとつ。例 一時《いちじ》はどうなるかと思《おも》った。／午後《ごご》一時《いちじ》に会《あ》う約束《やくそく》だ。

【いっとき】わずかな時間《じかん》。例 あの人《ひと》のことは、一時《いっとき》も忘《わす》れたことがない。

【ひととき】しばらくの間《あいだ》。例 友《とも》だちと楽《たの》しい一時《ひととき》を過《す》ごす。

市場 いちば・しじょう

【いちば】食品《しょくひん》や日用品《にちようひん》を売《う》る店《みせ》が集《あつ》まっている所《ところ》。商人《しょうにん》が一定《いってい》の日《ひ》に商品《しょうひん》を売買《ばいばい》する所《ところ》。例 魚市場《うおいちば》は活気《かっき》があった。

【しじょう】商品《しょうひん》の売買《ばいばい》や取《と》り引《ひ》きが行《おこな》われる所《ところ》。商品《しょうひん》が出《で》まわる範囲《はんい》。例 東京株式市場《とうきょうかぶしきしじょう》。

参考 「いちば」の意味《いみ》でも使《つか》う。例 青果市場《せいかしじょう》。

一味 いちみ・ひとあじ

【いちみ】❶同《おな》じことをする仲間《なかま》。例 どろぼうの一味《いちみ》がつかまる。参考 ふつう、悪《わる》いことをする仲間《なかま》たちに使《つか》う。❷味《あじ》や成分《せいぶん》が一種類《いっしゅるい》であること。例 一味《いちみ》とうがらし。

【ひとあじ】

読みで意味がかわることば

独特《どくとく》の雰囲気《ふんいき》や味《あじ》わい。「一味《ひとあじ》ちがう」で、「ほかとは少《すこ》しちがった味《あじ》わいがある」という意味《いみ》。例 一味《ひとあじ》ちがう作《さく》品《ひん》に注目《ちゅうもく》が集《あつ》まる。／ほかの人《ひと》とは一味《ひとあじ》ちがう。

一目　いちもく・ひとめ

【いちもく】
❶ちょっと見《み》ること。例 一目《いちもく》してわかる。参考「一《ひと》目《め》して」とは言《い》わないので、この場合《ばあい》の読《よ》みは「いちもくして」とわかる。

❷碁盤《ごばん》の目《め》の一《ひと》つ。また、一《ひと》つの碁石《ごいし》。例 一目《いちもく》置《お》く（＝相手《あいて》の能力《のうりょく》が上《うえ》だと認《みと》めて、一歩《いっぽ》譲《ゆず》る。碁《ご》の打《う》ち方《かた》から）。

【ひとめ】
❶一度《いちど》ちょっと見《み》ること。例 その服《ふく》は、一目《ひとめ》見《み》て気《き》に入《い》った。／一目《ひとめ》だけでも会《あ》いたい。

❷全体《ぜんたい》が一度《いちど》に見《み》えること。例 町《まち》が一目《ひとめ》で見渡《みわた》せるおか。

銀杏　いちょう・ぎんなん

【いちょう】
イチョウ科《か》の落葉高木《らくようこうぼく》。葉《は》はおうぎ形《がた》で秋《あき》に黄色《きいろ》くなる。例 銀杏並木《いちょうなみき》。

【ぎんなん】
イチョウの実《み》。例 銀杏《ぎんなん》をいって食《た》べる。

一角　いっかく・ひとかど

【いっかく】
一《ひと》つの角《かど》。ある地域《ちいき》などの、一部分《いちぶぶん》。例 住宅街《じゅうたくがい》の一角《いっかく》にあるレストラン。

【ひとかど】
いちだんとすぐれていること。例 山田《やまだ》氏《し》は一角《ひとかど》の人物《じんぶつ》だ。

一行　いっこう・いちぎょう

【いっこう】
いっしょに行《い》く仲間《なかま》。例 博《はく》物館見学《ぶつかんけんがく》の一行《いっこう》が、到着《とうちゃく》する。

【いちぎょう】
文字《もじ》などの、縦《たて》や横《よこ》のひとならび。例 一行《いちぎょう》空《あ》けて、書《か》き始《はじ》める。／『走《はし》れメロス』

の一行目《いちぎょうめ》。／文章《ぶんしょう》を読《よ》み返《かえ》してみて、一行《いちぎょう》けずることにした。

一指　いっし・ひとさし

【いっし】一本《いっぽん》の指《ゆび》。例 一指《いっし》も触《ふ》れられない。

【ひとさし】舞《まい》や将棋《しょうぎ》などの一回《いっかい》。例 一指《ひとさし》舞《ま》いましょう。参考 将棋《しょうぎ》をすることを「将棋《しょうぎ》を指《さ》す」という。

一寸　いっすん・ちょっと

【いっすん】❶昔《むかし》の長《なが》さの単位《たんい》。約《やく》三《3》・〇《0》三《3》センチメートル。

❷短《みじか》いきょり。例 一寸先《いっすんさき》は闇《やみ》(＝すぐ先《さき》が見《み》えないことから、将来《しょうらい》のことは全《まった》く予測《よそく》できないことのたとえ)。

【ちょっと】❶少《すこ》しの時間《じかん》。わずか。例 ちょっとお待《ま》ちください。

❷かなり。けっこう。例 ちょっとおもしろいから見《み》てみて。

❸そう簡単《かんたん》には。例 ちょっと考《かんが》えつかないアイディア。

参考 「一寸《ちょっと》」は当《あ》て字《じ》で、ふつうはかなで書《か》く。

一足　いっそく・ひとあし

【いっそく】はきものの、(左右《さゆう》の)ひとそろい。例 げんかんにくつが一足《いっそく》置《お》いてある。

【ひとあし】一歩《いっぽ》。わずかな時間《じかん》・きょり。例 友《とも》だちは一足先《ひとあしさき》に帰《かえ》った。

一端　いったん・いっぱし

【いったん】❶片方《かたほう》のはし。例 一端《いったん》を切断《せつだん》する。

❷一部分《いちぶぶん》。例 責任《せきにん》の一端《いったん》はわたしにある。

【いっぱし】一人前《いちにんまえ》。また、人並《ひとな》みに。例 態度《たいど》だけはいっぱしだ。／いっぱしの口《くち》をきく。参考 ふつう、かなで書《か》く。

一分　いっぷん・いちぶ・いちぶん

【いっぷん】

一《いち》時《じ》間《かん》の六十分《ろくじゅうぶん》の一《いち》。角度《かくど》で一度《いちど》の六十分《ろくじゅうぶん》の一《いち》。例 十時《じゅうじ》一分発《いっぷんはつ》の特急《とっきゅう》に乗《の》る。


【いちぶ】

ごくわずか。例 一分《いちぶ》のすきもない構《かま》えで、相手《あいて》に対《たい》する。


【いちぶん】

その人《ひと》としての気構《きがま》え。例 武士《ぶし》の一分《いちぶん》。

一方　いっぽう・ひとかた

【いっぽう】

ある方向《ほうこう》。二《ふた》つのうちの一《ひと》つ。…するばかり。例 この道《みち》は一方通行《いっぽうつうこう》です。／雨《あめ》は強《つよ》まる一方《いっぽう》だ。


【ひとかた】

「一方《ひとかた》ならぬ」の形《かたち》で、ふつう以上《いじょう》の。例 一方《ひとかた》ならぬお世話《せわ》になった。

色紙　いろがみ・しきし

【いろがみ】

いろいろな色《いろ》にそめた紙《かみ》。例 色紙《いろがみ》でかざりを作《つく》る。／色紙《いろがみ》でつるを折《お》る。

【しきし】
俳句《はいく》や和歌《わか》、寄《よ》せ書《が》きなどを書《か》く、四角《しかく》い厚手《あつで》の紙《かみ》。例 色紙《しきし》に寄《よ》せ書《が》きをする。／芸能人《げいのうじん》のサイン色紙《しきし》。

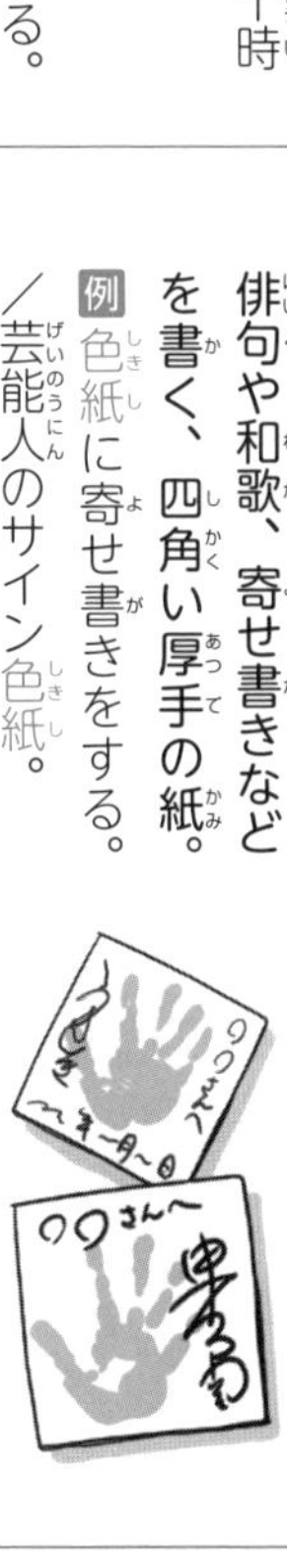

上手　うわて・かみて

【うわて】

人《ひと》よりすぐれていること。また、すもうで、相手《あいて》の上《うえ》からまわしをつかむこと。例 スキーでは、かれのほうが上手《うわて》だ。／横綱《よこづな》が上手《うわて》をとった。


【かみて】
❶川《かわ》の上流《じょうりゅう》のほう。
❷舞台《ぶたい》の、客席《きゃくせき》から見《み》て右《みぎ》のほう。例 上手《かみて》から主役《しゅやく》が登場《とうじょう》する。

大勢　おおぜい・たいせい

【おおぜい】

たくさんの人《ひと》。例 コンサートに大勢《おおぜい》の客《きゃく》が集《あつ》まる。


【たいせい】

ものごとや世《よ》の中《なか》の、だいたいのようす・なりゆき。例 開始後《かいしご》二十分《にじっぷん》で、試合《しあい》の大勢《たいせい》は決《き》まった。

大手　おおて・おおで

【おおて】同《おな》じ種類《しゅるい》の仕事《しごと》をしている会社《かいしゃ》の中《なか》で、特《とく》に大《おお》きな会社《かいしゃ》。例 大手《おおて》スーパーが新《あたら》しく開店《かいてん》する。

【おおで】大《おお》きく広《ひろ》げた両手《りょうて》。「大手《おおて》をふる」で、堂々《どうどう》とふるまうようす。例 世《よ》の中《なか》を大手《おおて》をふって歩《ある》けるように、やましいことはしない。

大家　おおや・たいか・たいけ

【おおや】貸家《かしや》やアパートの持《も》ち主《ぬし》。例 大家《おおや》さんに家賃《やちん》をはらう。

【たいか】学問《がくもん》や芸術《げいじゅつ》などで特《とく》にすぐれた能力《のうりょく》をもつ人《ひと》。例 日本画《にほんが》の大家《たいか》。

【たいけ】昔《むかし》から続《つづ》いた、立派《りっぱ》な家柄《いえがら》の家《いえ》。参考 「たいか」と読《よ》んでも、この意味《いみ》がある。

御札　おさつ・おふだ

【おさつ】紙幣《しへい》をていねいにいうことば。例 御札《おさつ》を数《かぞ》える。

【おふだ】神社《じんじゃ》や寺《てら》が発行《はっこう》する、お守《まも》り。護符《ごふ》。例 交通安全《こうつうあんぜん》の御札《おふだ》をいただく。／三枚《さんまい》の御札《おふだ》。

御代　おだい・みよ

【おだい】代金《だいきん》をていねいにいうことば。例 御代《おだい》をちょうだいします。

【みよ】天皇《てんのう》の治《おさ》めている世《よ》を敬《うやま》っていうことば。例 昭和《しょうわ》の御代《みよ》。

風車　かざぐるま・ふうしゃ

【かざぐるま】風《かぜ》が当《あ》たると羽根《はね》が回《まわ》るようにしたおもちゃ。例 風車《かざぐるま》がくるくると回《まわ》る。

【ふうしゃ】 風《かぜ》の力《ちから》で回《まわ》す羽根車《はねぐるま》。例 オランダの風車《ふうしゃ》を見《み》た。参考 粉《こな》をひいたり水《みず》をくんだりするのに使《つか》う。「かざぐるま」ということもある。

片言　かたこと・へんげん

【かたこと】 ❶ことばの一部《いちぶ》。例 片言《かたこと》も聞《き》きのがさない。❷言語《げんご》を十分《じゅうぶん》に使《つか》いこなして話《はな》せないこと。また、そのたどたどしい状態《じょうたい》のことば。例 片言《かたこと》の英語《えいご》で話《はな》すが、全《ぜん》然《ぜん》通《つう》じない。

【へんげん】 わずかなことば。例 片言隻語《へんげんせきご》（＝一言二言《ひとことふたこと》）。

月日　がっぴ・つきひ

【がっぴ】 何《なに》かに記入《きにゅう》するときの、日付《ひづけ》としての月《つき》と日《ひ》。例 申《もう》し込《こ》みの年月日《ねんがっぴ》を書《か》く。

【つきひ】 時間《じかん》。年月《としつき》。例 月日《つきひ》のたつのは早《はや》いもので、もう卒業《そつぎょう》をむかえる。

仮名　かな・かめい

【かな】 漢字《かんじ》から作《つく》った、一字《いちじ》で一《いち》音《おん》をあらわす文字《もじ》。ひらがなとカタカナ。例 漢字仮名《かんじかな》交《ま》じり文《ぶん》。／名前《なまえ》を仮名《かな》で書《か》く。

【かめい】 （本名《ほんみょう》をかくしたり、わからなかったりするとき）本当《ほんとう》のものではない一時的《いちじてき》につけた名前《なまえ》。例 仮名《かめい》を使《つか》って投書《とうしょ》する。

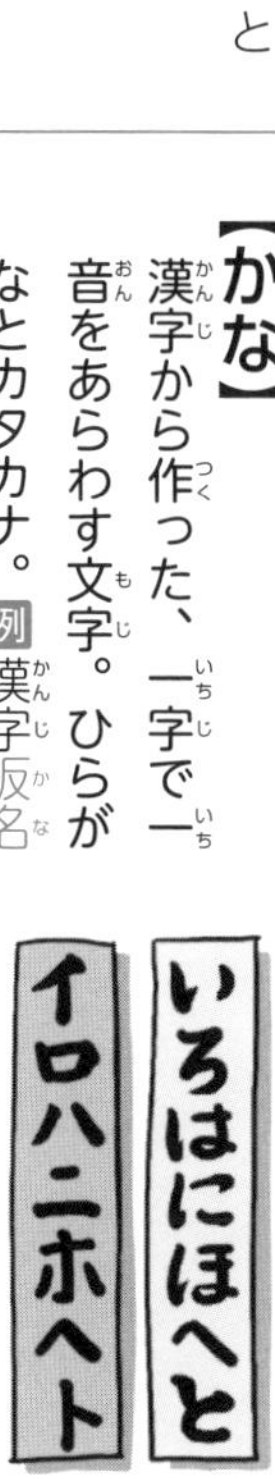

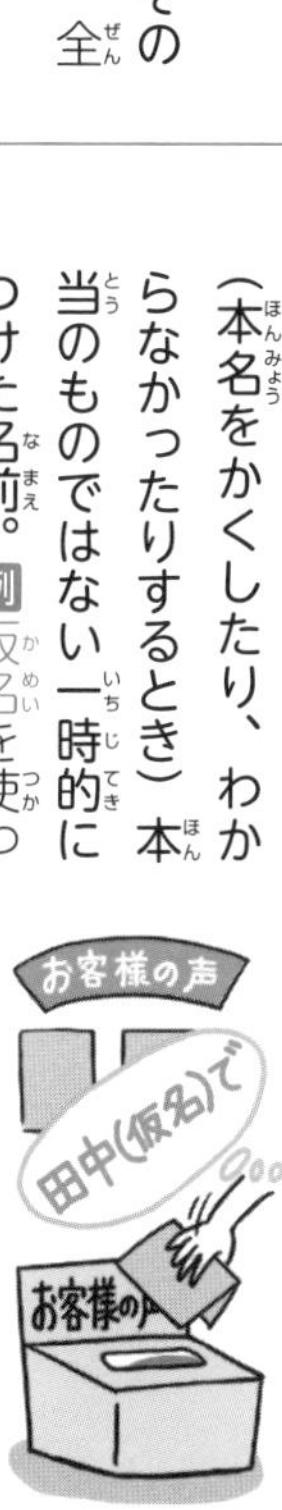

気骨　きこつ・きぼね

【きこつ】 正《ただ》しいと信《しん》じることを守《まも》り通《とお》そうとする、強《つよ》い心《こころ》。例 気《き》骨《こつ》のある人《ひと》。

【きぼね】 心配《しんぱい》。気《き》づかい。「気骨《きぼね》が折《お》れる」で、心配《しんぱい》などで心《こころ》がつかれるという意味《いみ》。例 お客《きゃく》さまへの対応《たいおう》で気骨《きぼね》が折《お》れる。

気色　きしょく・けしき

【きしょく】気持《きも》ちがあらわれた顔《かお》つき。気分《きぶん》。例 気色《きしょく》が悪《わる》い。

【けしき】そぶり。「気色《けしき》ばむ」で、いかりを顔《かお》にあらわす。例 気《け》色《しき》ばんで相手《あいて》につめよる。

金星　きんせい・きんぼし

【きんせい】水星《すいせい》の次《つぎ》に太陽《たいよう》に近《ちか》い所《ところ》を回《まわ》る惑星《わくせい》。例 夕方《ゆうがた》、西《にし》の空《そら》に金星《きんせい》（よいの明星《みょうじょう》）を見《み》つける。

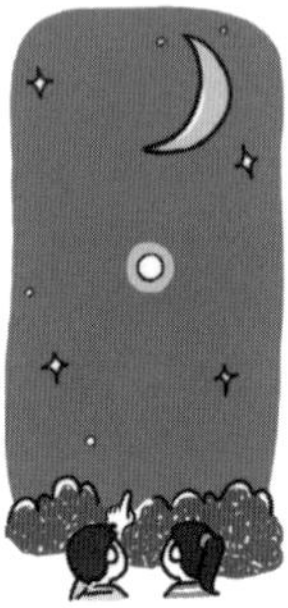

【きんぼし】すもうで、平幕《ひらまく》の力士《りきし》が横綱《よこづな》に勝《か》つこと。大手柄《おおてがら》。例 周囲の予想に反して、小柄《こがら》な力士《りきし》が金星《きんぼし》をあげた。

黒子　くろこ・ほくろ

【くろこ】❶歌舞伎役者《かぶきやくしゃ》や浄瑠璃《じょうるり》の人形《にんぎょう》のかげにいて、役者《やくしゃ》や人形《にんぎょう》つかいを手助《てだす》けする黒《くろ》い衣服《いふく》を着《き》た人《ひと》。❷（❶の意味《いみ》から）自分《じぶん》は表《おもて》に出《で》ないで、仕事《しごと》をする人《ひと》。例 黒子《くろこ》に徹《てっ》する。

【ほくろ】皮膚《ひふ》にある、黒《くろ》い小《ち》さな点《てん》。

見物　けんぶつ・みもの

【けんぶつ】楽《たの》しみのために、景色《けしき》やしばいなどを見《み》ること。例 祖母《そぼ》と祭《まつ》り見物《けんぶつ》に出《で》かけた。

【みもの】見《み》るねうちのあるもの。例 明日《あす》の決勝戦《けっしょうせん》は見物《みもの》だ。

後生　こうせい・ごしょう

【こうせい】あとから生《う》まれてくる人《ひと》。例 後生《こうせい》おそるべし（＝あとから生《う》まれてくる人《ひと》は、若《わか》くて気力《きりょく》もあるから、努力《どりょく》して勉強《べんきょう》すれば、その進歩《しんぽ》はおそれるべきものである）。

【ごしょう】

❶仏教《ぶっきょう》で、死後《しご》に生《う》まれ変《か》わっていく世界《せかい》。例 後生《ごしょう》を願《ねが》う。

❷特別《とくべつ》に、人《ひと》に頼《たの》むときに使《つか》うことば。一生《いっしょう》のお願《ねが》い。例 後生《ごしょう》ですから、どうかお許《ゆる》しください。

細々 こまごま・ほそぼそ

【こまごま】 細《こま》かいようす。くわしいようす。例 細々《こまごま》した物《もの》を、引《ひ》き出《だ》しに整理《せいり》して入《い》れる。／やり方《かた》を細々《こまごま》と説明《せつめい》する。

【ほそぼそ】 とても細《ほそ》いようす。何《なん》とか続《つづ》けているようす。例 祖父《そふ》から継《つ》いだ店《みせ》を細々《ほそぼそ》と営《いとな》む。

根本 こんぽん・ねもと

【こんぽん】 ものごとのいちばんのもとになるもの。例 計画《けいかく》を根本《こんぽん》から見直《みなお》す。

【ねもと】 草《くさ》や木《き》の下《した》のほうの部分《ぶぶん》。例 大《おお》きな木《き》の根本《ねもと》に座《すわ》る。

最中 さいちゅう・さなか・もなか

【さいちゅう】 物事《ものごと》が、もっともさかんにおこなわれているとき。まっさかり。例 食事《しょくじ》の最中《さいちゅう》にお客《きゃく》さんが来《く》る。参考 「真《ま》っ最《さい》中」は、強《つよ》めた言《い》い方《かた》。「さいちゅう」と「さなか」は同《おな》じ意味《いみ》。

【さなか】 物事《ものごと》が、もっともさかんなとき。さいちゅう。例 暑《あつ》い最中《さなか》に外出《がいしゅつ》する。

【もなか】 もち米《ごめ》の粉《こな》を練《ね》ってうすくのばして焼《や》いた皮《かわ》を二枚《にまい》合《あ》わせ、その間《あいだ》にあんこをつめた和菓子《わがし》。

寒気 さむけ・かんき

【さむけ】 体《からだ》にぞくぞくと感《かん》じる、いやな寒《さむ》さ。例 寒気《さむけ》がするので、早《はや》めにねた。

【かんき】 寒《さむ》さ。寒《さむ》いこと。例 寒気《かんき》が身《み》にしみ、背中《せなか》を丸《まる》める。

下手　したて・しもて・へた

【したて】自分《じぶん》を低《ひく》くして、相手《あいて》を敬《うやま》う態度《たいど》。例 下手《したて》に出《で》て、相手《あいて》の反応《はんのう》をうかがう。

【しもて】❶川《かわ》の下流《かりゅう》のほう。❷舞台《ぶたい》の、客席《きゃくせき》から見《み》て左《ひだり》のほう。例 下手《しもて》から悪役《あくやく》が登《とう》場《じょう》する。

【へた】うまくないこと。例 ぼくは、人前《ひとまえ》で話《はな》すのが下手《へた》だ。

十分　じっぷん・じゅうぶん

【じっぷん】一分《いっぷん》の十倍《じゅうばい》の時間《じかん》。例 三時《さんじ》十分前《じっぷんまえ》。／十分後《じっぷんご》に出発《しゅっぱつ》する予定《よてい》だ。参考「じゅっぷん」とも読《よ》まれる。

【じゅうぶん】満《み》ち足《た》りていて、不足《ふそく》や不満《ふまん》がないようす。例 すいみんを十分《じゅうぶん》にとる。／もう十分《じゅうぶん》いただきました。

地味　じみ・ちみ

【じみ】目立《めだ》たないようす。例 地味《じみ》な色《いろ》のコートを着《き》る。

【ちみ】作物《さくもつ》をつくる土地《とち》の性質《せいしつ》のよしあし。例 このあたりの畑《はたけ》は、地味《ちみ》がこえている。

出所　しゅっしょ・でどころ

【しゅっしょ】❶ものごとの出《で》てきたところ。でどころ。例 そのニュースの出所《しゅっしょ》を明《あき》らかにする。❷刑務所《けいむしょ》を出《で》ること。例 出所《しゅっしょ》したあと、まじめに働《はたら》いている。

【でどころ】❶ものごとの出《で》てきたところ。例 うわさの出所《でどころ》をつきとめる。❷出《で》るのにちょうどよい場面《ばめん》や機会《きかい》。例 今《いま》がヒーローの出所《でどころ》だ。

出店　しゅってん・でみせ

【しゅってん】

店《みせ》を出《だ》すこと。例 工場《こうじょう》の跡《あと》地《ち》に、スーパーが出店《しゅってん》する。


【でみせ】
❶本店《ほんてん》から分《わ》かれて出《だ》す、小《ちい》さな店《みせ》。例 そのデパートは地方《ちほう》に出店《でみせ》がある。
❷道端《みちばた》などに出《だ》した店《みせ》。例 神社《じんじゃ》の参道《さんどう》に出店《でみせ》がならぶ。

小節　しょうせつ・こぶし

【しょうせつ】

楽譜《がくふ》で、縦《たて》の線《せん》で区切《くぎ》られた、ひと区切《くぎ》り。例 五小節目《ごしょうせつめ》まではひけるようになった。


【こぶし】

民謡《みんよう》や演歌《えんか》などで使《つか》われる、譜面《ふめん》にあらわせない、びみょうな節回《ふしまわ》し。例 小節《こぶし》をきかせて歌《うた》う。

菖蒲　しょうぶ・あやめ

【しょうぶ】

サトイモ科《か》の多年草《たねんそう》。ぬま地《ち》などに生《は》え、初夏《しょか》に花《はな》がさく。全体《ぜんたい》によいかおりがある。例 菖蒲湯《しょうぶゆ》（＝端午《たんご》の節句《せっく》に、菖蒲《しょうぶ》の葉《は》を入《い》れてわかすおふろ）。


【あやめ】

アヤメ科《か》の多年草《たねんそう》。五《ご》、六月《ろくがつ》ごろに花《はな》がさく。例 いずれ菖蒲《あやめ》か、かきつばた（＝似《に》ていて区別《くべつ》がつけにくいこと）。

上方　じょうほう・かみがた

【じょうほう】

上《うえ》のほう。例 建物《たてもの》の上方《じょうほう》を、ビニールシートで覆《おお》う。／画面右側上方《がめんみぎがわじょうほう》にあるアイコン。

【かみがた】
京都《きょうと》と大阪《おおさか》、およびその周辺《しゅうへん》。例 上方落語《かみがたらくご》を聞《き》きに行《い》く。／上方《かみがた》で花開《はなひら》いた、民衆文化《みんしゅうぶんか》。

初日　しょにち・はつひ

【しょにち】

興行《こうぎょう》やもよおし物《もの》などを始《はじ》める、最初《さいしょ》の日《ひ》。例 ミュージカルの初日《しょにち》。／夏休《なつやす》みの初日《しょにち》。

【はつひ】一月一日《いちがつついたち》の、朝《あさ》の太陽《たいよう》。初日《はつひ》の出《で》。例 海岸《かいがん》で初日《はつひ》を拝《おが》む。

人事　じんじ・ひとごと

【じんじ】❶人間《にんげん》として、できる事柄《ことがら》。例 人事《じんじ》をつくして天命《てんめい》を待《ま》つ（＝人間《にんげん》のできることをして、結果《けっか》は天《てん》にまかせる）。❷会社《かいしゃ》や役所《やくしょ》で働《はたら》く人《ひと》の、地位《ちい》や役目《やくめ》に関《かん》すること。例 春《はる》の人事《じんじ》で、課長《かちょう》になる。

【ひとごと】自分《じぶん》に関係《かんけい》のないこと。例 人事《ひとごと》のようにふるまう。／友《とも》だちの計算《けいさん》ミスは人事《ひとごと》ではない（＝いつか、自分《じぶん》にも起《お》こることかもしれない）。

心中　しんじゅう・しんちゅう

【しんじゅう】愛《あい》し合《あ》っている者《もの》どうし、また複数《ふくすう》の人《ひと》がいっしょに死《し》ぬこと。例 近松門左衛門《ちかまつもんざえもん》の心中物《しんじゅうもの》。

【しんちゅう】心《こころ》のうち。また、思《おも》い。例 心中《しんちゅう》を察《さっ》する。

身上　しんしょう・しんじょう

【しんしょう】財産《ざいさん》。たくわえ。例 身上《しんしょう》を築《きず》く。／身上《しんしょう》をつぶす。

【しんじょう】その人《ひと》についての事柄《ことがら》。よいところ。例 素直《すなお》さが身上《しんじょう》だ。

深々　しんしん・ふかぶか

【しんしん】静《しず》かに夜《よる》がふけていくようす。寒《さむ》さが身《み》にしみるようす。例 夜《よる》は深々《しんしん》とふけていく。／深々《しんしん》と冷《ひ》え込《こ》む。

【ふかぶか】とても深《ふか》いようす。例 感謝《かんしゃ》の意《い》をこめて深々《ふかぶか》とおじぎをする。／深々《ふかぶか》といすに座《すわ》る。

生地　せいち・きじ

【せいち】その人《ひと》が生《う》まれた土地《とち》。例

祖父《そふ》の生地《せいち》は秋田県《あきたけん》だ。

【きじ】
❶自然《しぜん》のままの性質《せいしつ》。
❷衣服《いふく》の材料《ざいりょう》となる布《ぬの》。例 上等《じょうとう》な生地《きじ》のスーツを買《か》う。
❸粉《こな》などをまぜた（パンなどの）材料《ざいりょう》。例 パンの生地《きじ》を練《ね》る。

生物 せいぶつ・なまもの

【せいぶつ】
動物《どうぶつ》や植物《しょくぶつ》。いきもの。例 海《うみ》の生物《せいぶつ》について調《しら》べる。
参考「いきもの」と読《よ》む場合《ばあい》、「生き物《いきもの》」というように「き」を送《おく》る。

【なまもの】
煮《に》たり、焼《や》いたり、干《ほ》したりしていない食《た》べ物《もの》。例 夏《なつ》は特《とく》に生物《なまもの》がいたみやすい。

造作 ぞうさ・ぞうさく

【ぞうさ】
手間《てま》のかかること。めんどう。例 この程度《ていど》の修理《しゅうり》なら、造作《ぞうさ》なくできる。

【ぞうさく】
❶建物《たてもの》などの仕上《しあ》げぐあい。例 この家《いえ》は造作《ぞうさく》がよい。
❷顔立《かおだ》ち。例 顔《かお》の造作《ぞうさく》が整《ととの》っている。

大事 だいじ・おおごと

【だいじ】
重要《じゅうよう》な事柄《ことがら》。注意深《ちゅういぶか》いようす。例 大事《だいじ》な点《てん》を調《しら》べる。／今《いま》から大事《だいじ》なことを言《い》います。

【おおごと】
重大《じゅうだい》なできごと。例 大事《おおごと》にならずにすんで、よかった。
参考「大事《おおごと》にならず」の場合《ばあい》、「だいじ」と読《よ》んでも、この意味《いみ》になる。

忠実 ちゅうじつ・まめ

【ちゅうじつ】
❶場面《ばめん》によって心《こころ》を変《か》えず、まじめに行《おこな》うこと。例 飼《か》い主《ぬし》に忠実《ちゅうじつ》な犬《いぬ》。
❷少《すこ》しのちがいもなく、正確《せいかく》なようす。例 安土城《あづちじょう》を忠実《ちゅうじつ》に再現《さいげん》した模型《もけい》。

【まめ】
❶まじめ。例 忠実《まめ》な人《ひと》。
❷めんどくさがらずに、几帳面《きちょうめん》に行《おこな》うようす。例 筆《ふで》忠実《まめ》で、季節《きせつ》ごとに挨拶《あいさつ》の手紙《てがみ》を送《おく》る。
❸健康《けんこう》。元気《げんき》。例 忠実《まめ》に暮《く》らす。

何人 なんにん・なんぴと

【なんにん】

人《ひと》の数《かず》がはっきりしないときに使《つか》うことば。例 クラスメイトは何人《なんにん》いますか。


【なんぴと】

どんな人《ひと》。例 危険《きけん》なので、何人《なんぴと》たりとも中《なか》に入《はい》ることを禁《きん》ずる。

何分 なんぶ・なにぶん・なんぷん

【なんぶ】

割合《わりあい》がどのくらいか聞《き》くときのことば。例 何分《なんぶ》ぐらい、できあがった？／桜《さくら》は今《いま》、何分《なんぶ》ざきですか？


【なにぶん】
❶どうぞ。なにとぞ。例 何分《なにぶん》よろしくお願《ねが》いします。
❷なんといっても。とにかく。例 何分《なにぶん》せまいもので、十《じゅう》分《ぶん》なおもてなしもできませんが、どうぞお入《はい》りください。

【なんぷん】

時間《じかん》や時刻《じこく》がはっきりしないことをあらわすことば。例 何分《なんぷん》か遅刻《ちこく》する。／あと何分《なんぷん》かかりますか？

二言 にごん・ふたこと

【にごん】
❶二度《にど》言《い》うこと。
❷前《まえ》に言《い》ったことを取《と》り消《け》して、ちがうことを言《い》うこと。例 武士《ぶし》に二言《にごん》はない。

【ふたこと】

二《ふた》つのことば。例 一言《ひとこと》二言《ふたこと》かわしただけだ。／二言《ふたこと》目《め》には「勉強《べんきょう》しなさい」と言《い》う（＝何《なに》かを話《はな》し始《はじ》めれば、決《き》まってそのことを言《い》うようす）。

人気 にんき・ひとけ

【にんき】

世《よ》の人々《ひとびと》から好《この》ましいと支《し》持《じ》されること。例 このまん

がは人気《にんき》がある。／クラスの人気者《にんきもの》だ。

【ひとけ】 人《ひと》がいるようす。人《ひと》のいそうな気配《けはい》。例 人気《ひとけ》のない通《とお》り。

人形　にんぎょう・ひとがた

【にんぎょう】 人《ひと》の形《かたち》に似《に》せてつくった、かざりものやおもちゃ。例 ひな人形《にんぎょう》。／たなに人形《にんぎょう》を飾《かざ》る。

【ひとがた】 おはらいなどに使《つか》う、人《ひと》の形《かたち》に切《き》り抜《ぬ》いたもの。例 人形《ひとがた》に名前《なまえ》を書《か》いて流《なが》す。

拍手　はくしゅ・かしわで

【はくしゅ】 ほめたたえたり、賛成《さんせい》の気持《きも》ちをあらわすとき、両手《りょうて》を打《う》ち鳴《な》らすこと。例 優勝《ゆうしょう》したチームを拍手《はくしゅ》でむかえる。

【かしわで】 神《かみ》にいのるとき、両方《りょうほう》の手《て》のひらを打《う》ち合《あ》わせて鳴《な》らすこと。例 おまいりして拍《かしわ》手《て》を打《う》つ。

半身　はんしん・はんみ

【はんしん】 体《からだ》の半分《はんぶん》。例 半身浴《はんしんよく》。／半身《はんしん》を起《お》こす。

【はんみ】 ❶体《からだ》をななめにして相手《あいて》に向《む》かう姿勢《しせい》。例 半身《はんみ》に構《かま》える。❷開《ひら》いた魚《さかな》の身《み》の半分《はんぶん》。

半生　はんせい・はんしょう・はんなま

【はんせい】 人生《じんせい》の半分《はんぶん》。例 半生《はんせい》をささげて完成《かんせい》させた作品《さくひん》。

【はんしょう】 生《い》き死《し》にの境《さかい》にあること。例 半死半生《はんしはんしょう》の目《め》にあう。

【はんなま】 ❶火《ひ》が通《とお》っておらず、なまにえであること。❷知識《ちしき》などが不十分《ふじゅうぶん》で、いいかげんなこと。生半可《なまはんか》。

半月　はんつき・はんげつ

【はんつき】

一《いっ》か月《げつ》の半分《はんぶん》。例 夏休《なつやす》みも、あと半月《はんつき》ほどになった。


【はんげつ】

半分《はんぶん》欠《か》けて見《み》える月《つき》。例 空《そら》に半月《はんげつ》が見《み》えている。

評定　ひょうじょう・ひょうてい

【ひょうじょう】

大勢《おおぜい》で集《あつ》まり、相談《そうだん》して決《き》めること。例 評定《ひょうじょう》を開《ひら》く。／小田原評定《おだわらひょうじょう》（＝長引《ながび》いて、なかなかまとまらない相談《そうだん》）。


【ひょうてい】

決《き》められた基準《きじゅん》に従《したが》い、評価《ひょうか》をすること。例 勤務評定《きんむひょうてい》。

文書　ぶんしょ・もんじょ

【ぶんしょ】

手紙《てがみ》や書類《しょるい》。例 市役所《しやくしょ》から文書《ぶんしょ》が届《とど》く。


【もんじょ】

文書《ぶんしょ》の古《ふる》い言《い》い方《かた》。例 古文書《こもんじょ》を解読《かいどく》する。

分別　ふんべつ・ぶんべつ

【ふんべつ】

ものごとのよしあしを見分《みわ》けること。また、その力《ちから》。例 分別《ふんべつ》のある態度《たいど》をとる。／まだ分別《ふんべつ》のつかない子《こ》ども。


【ぶんべつ】

種類《しゅるい》によって分《わ》けること。例 燃《も》えるごみと燃《も》えないごみとに分別《ぶんべつ》する。

方々　ほうぼう・かたがた

【ほうぼう】

あちらこちら。いろいろな所《ところ》。例 日本《にっぽん》の方々《ほうぼう》を旅《たび》する。


【かたがた】

「人々《ひとびと》」を敬《うやま》う言《い》い方《かた》。例 本日《ほんじつ》お集《あつ》まりの方々《かたがた》にお伝《つた》えします。

細目　ほそめ・さいもく

【ほそめ】

細《ほそ》く開《あ》けた目《め》。うす目《め》。例 砂《すな》が飛《と》ぶので、細目《ほそめ》でまわりを見《み》た。

【さいもく】細《こま》かい点《てん》について決《き》めてある項目《こうもく》。例 新《あたら》しい規則《きそく》の細目《さいもく》を検討《けんとう》する。

末期 まっき・まつご

【まっき】終《お》わりの時期《じき》。例 江戸《えど》時代《じだい》の末期《まっき》に、日本《にっぽん》は開国《かいこく》した。

【まつご】死《し》のまぎわ。例 祖母《そぼ》の末期《まつご》をみとる。／末期《まつご》の水《みず》（＝人《ひと》が亡《な》くなるとき、その人《ひと》の口《くち》にふくませる水《みず》）。

名代 みょうだい・なだい

【みょうだい】人《ひと》の代理《だいり》をつとめること。また、その人《ひと》。例 父《ちち》の名代《みょうだい》として、兄《あに》が式典《しきてん》に出席《しゅっせき》する。

【なだい】その名《な》がよく知《し》られていること。例 おみやげとして、当地《とうち》名代《なだい》のまんじゅうを買《か》う。

父に代わりまして
会
名代

目下 めした・もっか

【めした】自分《じぶん》よりも年令《ねんれい》や地位《ちい》などが下《した》であること。例 目下《めした》の人《ひと》からしたわれる。

【もっか】ただいま。今《いま》のところ。例 弟《おとうと》は、目下《もっか》サッカーに夢中《むちゅう》だ。

役所 やくしょ・やくどころ

【やくしょ】役人《やくにん》が仕事《しごと》をするところ。例 市役所《しやくしょ》は駅《えき》の前《まえ》にある。

【やくどころ】あたえられた役目《やくめ》。また、その人《ひと》に合《あ》っている役目《やくめ》。例 今回《こんかい》の役所《やくどころ》は、殿様《とのさま》だ。

利益 りえき・りやく

【りえき】もうけ。役《やく》に立《た》つこと。例 会社《かいしゃ》の利益《りえき》が上《あ》がる。／公《こう》

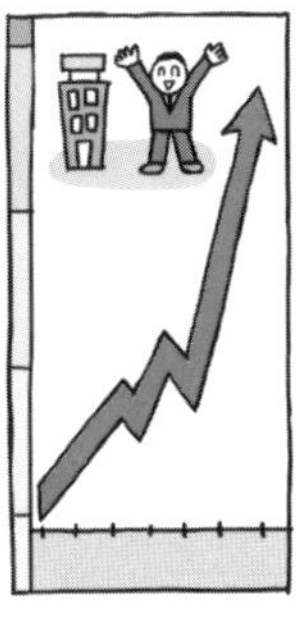

共《きょう》の利益《りえき》をはかる。

【りやく】

神《かみ》や仏《ほとけ》がさずけるめぐみ。

例 ご利益《りやく》を願《ねが》って、おまいりに出《で》かける。

礼拝　れいはい・らいはい

【れいはい】

キリスト教《きょう》で、神《かみ》をおがむこと。例 礼拝堂《れいはいどう》。

【らいはい】

仏教《ぶっきょう》で、仏《ほとけ》をおがむこと。

総《そう》収《しゅう》録《ろく》語《ご》索《さく》引《いん》

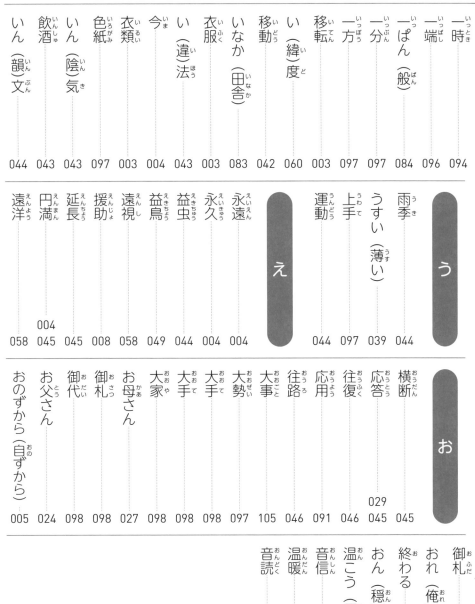

け

こ

さ

し

す

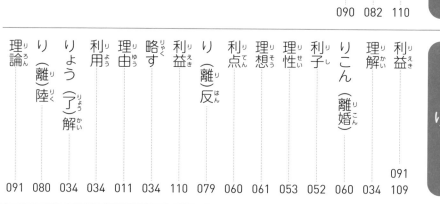

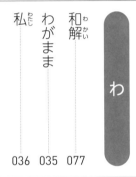

コラム索引《さくいん》

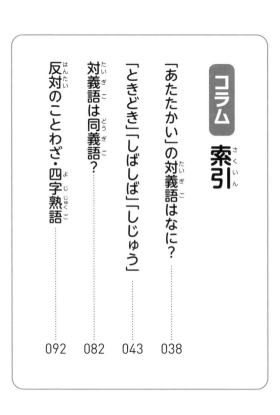

この本をつくった人

●監修

矢澤真人（筑波大学名誉教授）

●装幀

Indy Design 髙橋進

●紙面設計・DTP

クラップス 佐藤かおり

●本文イラスト

どいまき、松沢ゆきこ

●編集協力

岩崎美穂、倉本有加

●販売

和田裕之

●製作

松谷安恵

●編集

森川聡顕、鈴木かおり、田沢あかね

※この本は『新レインボー ことばが選べる辞典』をもとに再編集したものです。

『新レインボー ことばが選べる辞典』をつくった人たち

●監修：矢澤真人

●編集委員：鈴木一史

●執筆協力：茂田井円、畑中彩子

●校正：椛沢洋一

●編集協力：岩崎美穂、山中冴ゆ子、駒井幸、横田香

●編集：松橋 研

☆★☆本書に関するアンケートにご協力ください☆★☆
右のコードか下のURLからアクセスし、以下のアンケート番号を入力してご回答ください。
ご協力いただいた方の中から抽選で「図書カードネットギフト」を贈呈いたします。
アンケート番号：　305932
https://ieben.gakken.jp/qr/rainbow/

※アンケートやプレゼント内容は予告なく変更となる場合があります。あらかじめご了承ください。

グループで覚えることばの使い分け辞典 類義語・対義語

2024年7月23日　第1刷発行

発行人	土屋　徹
編集人	代田雪絵
編集担当	田沢あかね
発行所	株式会社Gakken
	〒141-8416　東京都品川区西五反田2-11-8
印刷所	TOPPANクロレ株式会社

●この本に関する各種お問い合わせ先
本の内容については、下記サイトのお問い合わせフォームよりお願いします。
https://www.corp-gakken.co.jp/contact/
在庫については　Tel 03-6431-1199（販売部）
不良品（落丁、乱丁）については　Tel 0570-000577
学研業務センター　〒354-0045 埼玉県入間郡三芳町上富279-1
上記以外のお問い合わせは　Tel 0570-056-710（学研グループ総合案内）

学研グループの書籍・雑誌についての新刊情報・詳細情報は、下記をご覧ください。
学研出版サイト　https://hon.gakken.jp/

7C00